Bild

Nanny Oehmichen (Hrsg.)

Im Haushalt sparen

Tips, Tips, Tips

Ullstein

Bild

Impresssum

Ullstein Buchverlage GmbH & Co. KG, Berlin
Taschenbuchnummer: 42002

Originalausgabe
November 1999

Umschlagentwurf: ropelius design, Hamburg
Umschlagphoto: Fotex
Illustrationen im Innenteil: Detlef Surrey, Berlin

Satz: LVD GmbH, Berlin
Druck und Weiterverarbeitung: Clausen & Bosse, Leck
Printed in Germany 1999
ISBN 3 548 42002 8

Gedruckt auf alterungsbeständigem Papier
mit chlorfrei gebleichtem Zellstoff

Inhalt

So geht der Fleck weg

So geht der Fleck weg

Zu ärgerlich! Eben sahen wir noch adrett und gepflegt aus, schon haben wir uns bekleckert. Die meisten Flecke verschwinden bei der nächsten Wäsche. Aber bei hartnäckigen Flecken auf Blazer oder Seidenbluse bleibt normalerweise nur die teure chemische Reinigung. Durch sie werden die Sachen weiß Gott nicht besser. Darum zeigt Ihnen unser Fleck-Register, wie Sie Ihr gutes Stück selbst reinigen können und so Geld und Arbeit sparen, außerdem die Umwelt entlasten.

Auf Vorwaschgang verzichten

Flecken auf der Wäsche lieber mit Gallseife vorbehandeln – wird genauso sauber. So spare ich Wasser, Strom und Waschpulver.

Cornelia Korn, Schlangenbad

Soda statt Fleckensalz

Stark verschmutzte Wäsche wird strahlend sauber, wenn man zum Waschpulver etwas Soda hinzugibt. Man braucht keine Spezialreiniger mehr.

Gabriele Sailer, Königsdorf

Butter gegen Schuhcremefleck

Wenn Schuhcreme auf die Hose kommt, reibe ich den Fleck mit Butter ein und wasche die Hose anschließend mit Feinwaschmittel. Hose gerettet.

Annegret Wiechmann, Bremen

Glyzerin löst Grasflecken

Die schmutzigen Stellen mit Glyzerin bestreichen und anschließend gut auswaschen.

S. Dietrich, Mönchengladbach

Kirschflecken weg mit Milch

Kirschflecken kann man schonend entfernen, indem man das verschmutzte Kleidungsstück erst in Seifenlauge einweicht und anschließend in Milch legt. Warten, bis der Fleck verschwunden ist.

Günter Wiemann, Taunusstein

Eiflecken verschwinden mit Wasser

Zuerst den Eifleck trocknen lassen. Dann mit einer Nagelbürste bearbeiten. Anschließend den Fleck erst mit kaltem und dann mit warmem Wasser behandeln. Funktioniert prima und kostet nichts.

Hildegard Bäumer, Regensburg

Blaubeerflecken entfernen

Blaubeerflecken entferne ich, indem ich den Fleck zunächst mit Zitronensaft beträufle und ihn anschließend mit Joghurt einreibe. Halbe Stunde einwirken lassen und auswaschen. Reinigung gespart.

J. Leiter, Hannover

Salz ersetzt Teppichschaum

Laufspuren auf dem Teppich beseitige ich einfach und billig mit normalem Kochsalz. Die Schmutzstelle mit Salz bestreuen, einige Stunden einwirken lassen, dann absaugen. Spart den teuren Teppichschaum.
Andrea Ritetz, Nördlingen

Flecken weg mit Zahnpasta

Ein Fleck auf einem weißen Tischtuch wird mit Zahnpasta bekämpft. Zahnpasta auftragen, einmassieren, trocknen lassen und dann ausbürsten.
Sabine Häupl, Nabburg

Talkum gegen Fettflecke

Fettflecke auf meinem Teppichboden bestreue ich mit Talkumpuder. Einwirken lassen, ausbürsten und mit etwas Waschbenzin nachbehandeln.
Rita Dengler, Großbrossen

Mineralwasser gegen Flecken

Selbst hartnäckige Flecken in Teppichböden werden mühelos beseitigt. So spare ich das teure Reinigungsmittel.
Brigitte Behncke, Hamburg

Glasklar statt Teppichschaum

Hartnäckige Flecken im Teppichboden besprühe ich mit Glasklar, lasse es einige Zeit einwirken. Dann reibe ich den Schmutz einfach mit einem Frotteehandtuch heraus.
Christa Sievers, Rendsburg

Spiritus entfernt Grasflecken

Grasflecken in hellen Baumwollsokken mit ein paar Tropfen Spiritus beträufeln, gut einwirken lassen, mit einem saugfähigen Tuch abtupfen und wie gewohnt waschen. Alle Flecken gehen so raus!
Christel Arnold, Wald-Michelbach

Salz gegen Rußflecke

Rußflecke auf Teppichen oder Kleidern dürfen auf keinen Fall feucht ausgewaschen werden. Ich bestreue sie mit Salz und lasse es eine Stunde einwirken. Anschließend einfach ausbürsten.
H. Keim, Hamburg

Kaffee entfernt Flecken

Kalter Kaffee ist ein gutes Pflegemittel für schwarze Kleidung. Aufgeraute, fleckige Stellen an Hosen oder Jacken werden einfach mit einer in Kaffee getauchten Kleiderbürste abgerieben. Danach überbügeln.
Karin Baltes, Wurzen

Kartoffelmehl gegen Flecken

Fettflecken auf meinem Teppich reibe ich mit Kartoffelmehl ein. Einwirken lassen und kräftig ausbürsten

oder mit dem Staubsauger bearbeiten.
P. Herlyn, Leer

Kartoffel statt Fleckenmittel

Fettflecke auf empfindlichen Textilien können schonend und günstig entfernt werden, indem man eine aufgeschnittene Kartoffel über den Fleck reibt. Anschließend gut trocknen lassen und später abbürsten.
Rubrina Anjum, Herdecke

Brandfleck verschwindet

Durch Zigaretten verursachte Brandflecken auf Möbeln behebe ich so: die Stelle mit feinstem Schleifpapier behandeln, anschließend mit Nitrolack bestreichen. Die Flecke sind verschwunden.
Margit Gerstner, Wiesbaden

Korken entfernt Brandflecken

Brandflecken auf Porzellan lassen sich mit einem nassen Korken entfernen. Man taucht ihn in etwas Salz und reibt das Porzellan damit ab. Fleck weg!
Henriette Stüber, Mainz

Nikotinflecken weg mit Salz

Nikotinflecken auf Marmor lassen sich schonend mit einem Gemisch aus Salz und Zitronensaft entfernen. Den Fleck damit dick bestreichen, eine halbe Stunde einwirken lassen und gründlich nachwischen. Spezialreiniger gespart!
Sabine Holdenkamp, Bremen

Petroleum gegen Wasserflecke

Bei Wasserflecken auf der Möbelgarnitur hilft Petroleum. Einfach etwas Petroleum auf ein Tuch geben, den Fleck damit leicht abreiben. Ist günstiger als ein Spezialreiniger.
F. Josèe, Aachen

Reinigungsbenzin entfernt Lippenstift

Unschöne Lippenstiftflecken auf Blusen oder T-Shirts entferne ich, indem ich sie vorsichtig mit Reinigungsbenzin einreibe.
Lena Huber, Mannheim

Nagellackentferner löst Klebstoff

Klebstoffreste auf Tischdecken oder in Kleidern betupfe ich mit ölfreiem Nagellackentferner. Dieser löst die Klebe, und der Fleck geht mühelos weg.
Hanna Uhland, Ulm

Reinigungsbenzin macht Krägen sauber

Speckige oder durch Make-up verschmutzte Krägen von Mänteln oder Blasern wische ich mit einem in Reinigungsbenzin getränkten Wattepad ab. Klappt super, und ich habe die teure Reinigung gespart!
Elfriede Rhein, Mannheim

Rostflecke schonend entfernen

Rostflecke auf Textilien lassen sich leicht und schonend mit etwas Zitronensaft entfernen. Den Fleck mit etwas Saft einreiben und anschließend gut ausspülen oder waschen. Spart die teure chemische Reinigung und ist zudem noch umweltfreundlich!

G. Matic, Hamburg

Mit Mehl Chromflecken beseitigen

Ich gebe etwas Mehl auf einen weichen Lappen und poliere damit meine Armaturen in Bad und Küche. Reiniger gespart.

Chr. Knapp, Heddesheim

Reinigung von Chromteilen

Chromteile, die stark verschmutzt sind, glänzen wieder wie neu, wenn man sie mit einem mit Mehl bestäubten Lappen poliert. So spart man teure Reinigungsmittel.

Frederice Greinert, Wuppertal

Statt Reinigung

Seidenblusen mit Fettflecken behandele ich erst mit Spülmittel (fettlösend), und anschließend wasche ich sie ganz normal mit Feinwaschmittel. Wird ganz sauber.

Christa Alberstadt, Groß-Gerau

Samt günstig reinigen

Flecken im Samtstoff bestreue ich mit trockenem Salz, lasse es eine Stunde einwirken und bürste es wieder aus.

Gerhard Pöck, Leipzig

Radiergummi reinigt Leder

Flecken auf Wildleder-Kleidung reibe ich vorsichtig mit feinem Sandpapier oder Radiergummi ab. Die Reinigung von mindestens 30 Mark habe ich so gespart.

Sandra Plasswich, Dormagen

Sandpapier spart Wildlederbürste

Stark verschmutzte Wildlederschuhe bekommt man mit etwas feinem Sandpapier oder einem Bimsstein wieder richtig sauber.

Doris Ziesemer, Glinde

Teppich mit Backpulver säubern

Alle Flecken im Teppich reinige ich mit Backpulver. Auf den Fleck streuen, 1 Stunde ziehen lassen. Danach ausbürsten, und alles ist sauber.

Elfriede Kiefer, Hamburg

Weingeist gegen Urinflecke

Ist dem Kind ein Malheur passiert und hat es z. B. auf dem Sofa Pipi gemacht, wasche ich's zunächst mit kaltem Wasser ab. Anschließend reibe ich die Stelle kräftig mit Weingeist ein. Zum Schluß nochmal gründlich mit Wasser abreiben.

Annegret Bernstorf, Münster

Kaugummiflecken entfernen

Haben meine Kinder Kaugummiflecken auf ihrer Kleidung, lege ich das Kleidungsstück für rund eine Stunde ins Gefrierfach. So wird das Kaugummi hart, und ich kann es mit einem Messer vorsichtig abheben.

Christa Knapp, Heddesheim

Weißbrot entfernt Rußflecken

Rußflecken auf Tapeten lassen sich mit einer halbtrockenen Scheibe Weißbrot entfernen. Hat man die nicht zur Hand, klappt's auch mit einem sauberen, weichen Radiergummi.

P. Schein, Hamburg

Weißwein reinigt Rotweinflecken

Ich spare das Geld für teure Fleckenmittel, indem ich kleine Rotweinflecke auf Kleidungsstücken in billigem Weißwein einweiche. Anschließend wie gewohnt waschen.

Janine Schuler, Kaiserslautern

Bohnenkochwasser gegen Flecken

Ungesalzenes Kochwasser von weißen Bohnen ist ein guter Fleckenentferner. Eignet sich sogar, um Rotwein- und Tintenflecke zu beseitigen. Fleckenentferner gespart.

Maria Thiel, Düsseldorf

Zwiebeln gegen Wasserflecken

Wasserflecken auf glattem Leder lassen sich ganz einfach mit einer aufgeschnittenen Zwiebel entfernen. Flecken damit kräftig abreiben und mit einem weichen Tuch nachpolieren. Umweltfreundlich und spart Ledersprays!

Sofie Rhein, Zellingen

Kartoffel gegen Wasserrand am Schuh

Wasserränder an Schuhen lassen sich gut mit roher Kartoffelschale entfernen. Die Schuhe mit der Schale abreiben. Ist umweltfreundlich und spart den Kauf von Reinigungs-Sprays.

Johanna Rüppel, Wiesbaden

Aus alt mach neu

Hätten Sie gedacht, daß man leere Füller-Patronen mit einer Einwegspritze auffüllen kann? Oder daß auch älteres Brot frisch bleibt, wenn eine Kartoffel mit im Brotkasten liegt? Gummistiefel, die hin und wieder mit Glyzerin eingerieben werden, nicht brüchig werden? Auch so kann gutes Geld gespart werden. Durch richtige Pflege bleibt altes wie neu. Dafür lohnen sich diese kleinen Mühen.

Abgetragene Kragen wenden

Abgetragene Kragen von teuren Oberhemden einfach abtrennen, wenden und wieder annähen. Das Hemd hält dann noch mal so lange.
Henny Buxot, Lippstadt

Aus alten Hemden werden Schürzen

Aus abgetragenen Herrenhemden nähe ich mir Küchenschürzen. Sehen hübsch aus und sind praktisch.
Liesel Bertele, Irsingen

Aus alten Sommerkleidern Tücher nähen

Aus alten bunten Sommerkleidern nähe ich Hals-, Haar-, Kopf- oder Einstecktücher, die ich zu Geburtstagen verschenke. Ein originelles Geschenk, das nichts kostet.
Helga Klitzke, München

Tasche aus alter Jeans

Wenn eine alte Jeans zerschlissen ist, schneide ich die Beine in Schritthöhe ab und nähe sie da zu. Aus den abgeschnittenen Hosenbeinen mache ich Träger, die ich am Hosenbund festnähe. So habe ich eine originelle Jeans-Tasche für Freizeit oder Einkauf. Wenn ich mal eine Tasche verschenke, ist die Freude immer groß.
Christine Linder, Schöneck

Laken aufpeppen

Aus „Großmutters" Überschlaglaken zaubere ich Spannbettlaken: an den Ecken rechtwinklig ausschneiden, wieder zusammennähen und ein Gummiband einziehen.
Renate Flechsel, Bad Salzungen

Aus alten Röcken werden Einkaufsbeutel

Aus unmodernen oder abgetragenen Kleidern oder Röcken nähe ich praktische Einkaufsbeutel.
Grete Langer, Dresden

Turnbeutel aus Stoffresten

Ich nähe die Turnbeutel für meine Kinder selbst. Aus Stoffresten lassen sich sehr lustige Muster zaubern. Einzelne Stoffteile zusammennähen, am oberen Ende den Saum um-

schlagen, absteppen und eine Kordel durchziehen.
Henny Buxot, Lippstadt

Haarband aus Stoffresten
Aus hübschen Stoffresten nähe ich einen schmalen Schlauch zusammen. Dann ziehe ich ein Gummiband durch und habe so ein preisgünstiges Haargummi. Auch ein prima Mitbringsel.
Michaela Cantarero, Frankfurt/Main

Harte Schuhcreme wieder weich
Mit einer 1 : 1-Mischung aus Terpentin und Feuerzeugbenzin kann man hart gewordene Schuhcreme wieder streichfähig machen. Die Mischung einfach untermengen.
Wilma Sibilla, Duisburg

Patronen einfach auffüllen
Immer neue Füllhalterpatronen zu kaufen ist auf Dauer teuer und verschmutzt die Umwelt. Ich sauge mit einer Einwegspritze Tinte aus dem Faß. Dann fülle ich sie in die leere Patrone. Ist viel günstiger.
Gregor Buchwald, Brilon

Holzfußboden glänzt wieder
Meine versiegelten Holzfußböden reibe ich regelmäßig mit kaltem Teewasser ab. Danach sehen sie wieder frisch aus und erhalten neuen Glanz.
Gertrud de Vries, Leer

Putzlappen aus alter Bettwäsche
Ich kaufe keine Putzlappen. Aus alten Bettlaken und Bezügen schneide ich viereckige Aufwasch-, Putz- und Scheuertücher.
Helga Dornau, Leipzig

Schwämme wie neu
Verschmutzte Haushaltsschwämme nicht wegschmeißen! Ich wasche sie in der Waschmaschine, und sie werden wieder ansehnlich und halten noch eine Weile.
E. Ziesenis, Hannover

Teppichfarben leuchten wieder
Ich bestreue meinen Teppich zweimal im Jahr mit Sägemehl, das ich zuvor mit Essigwasser befeuchte. Nach einigen Stunden sauge ich's mit dem Staubsauger wieder ab. Die Farben meines Teppichs leuchten wieder.
Hilde Sachs, Papenburg

Umstandsmode günstig
Schwangerschaftskleidung ist teuer. Darum eine alte Hose bis zur Hüfte abschneiden und farblich passenden Trikot-Stoff, weil dehnbar, annähen. Ins Bündchen eine Schlaufe oder Gummiband „auf Zuwachs" einziehen.
Charlotte Glesse, Bensheim

Gummistiefel lange haltbar

Damit Gummistiefel nicht brüchig werden, muß man sie direkt nach dem Kauf mit Glyzerin (aus der Apotheke) einreiben. So halten sie viel länger.
Erika Reinholdt, Köln

Vergilbte Weißwäsche durch Salz wie neu

Vergilbte Taschentücher, Tischdekken etc. bekomme ich wieder richtig weiß, indem ich sie einen Tag vor dem Waschen in Salzwasser einlege.
Anja Walter, Lüneburg

Aussteuer aufpeppen

Die gute weiße Bettwäsche von meiner Aussteuer ist zwar noch gut, aber nicht mehr strahlend weiß. Anstatt neue zu kaufen, habe ich die alte einfach mit Textilfarben peppig eingefärbt. Sieht super aus!
Trudel Vetterhöffer, Steinfeld

Kosmetik und Hausmittelchen selbst gemacht

Jahrhundertelang galten Milch und Honig als Geheimtip für eine glatte schöne Haut. Das gilt für viele Frauen auch heute noch.
Honig tut der Haut aber nicht gut, wenn sie zu erweiterten Äderchen neigt!
Frisches Eigelb stärkt das Haar und gibt herrlichen Glanz. Kostet nur den Bruchteil einer Haarkur!
Eine Gesichtsmaske aus Gurkenscheiben reinigt die Haut, gibt ihr Feuchtigkeit und Frische. Und wenn Sie Ihren Körper über Nacht mit ganz normalem Olivenöl und einem Schuß Zitronensaft einreiben, wird die Haut zart und weich. Oft wirkungsvoller als manche teure Body-Lotion. Zur Nachahmung empfohlen! Es sei denn, der Partner reagiert auf den Duft allergisch. Dann warten, bis Sie mal alleine sind.

Antischuppen-Shampoo

Anstatt teures Schuppen-Shampoo zu kaufen, wasche ich mein Haar mit einer selbst gemachten Mixtur aus Eigelb und etwas Zitronensaft. Damit reibe ich die Kopfhaut ein, lasse es einwirken und spüle es mit warmem Wasser gründlich aus.
Rosmarie Mildner, Hannover

Haarwasser

Gegen Schuppen: Im Sommer Brennesselblätter sammeln, waschen und trocknen lassen. Mit kochendem Obstessig übergießen, 10 Minuten ziehen und abkühlen lassen. Fertig ist das Anti-Schuppen-Haarwasser. Für ½ Liter braucht man eine Handvoll getrockneter Brennnesseln. Die Wirkung ist super.
Cindy Urban, Burg

Spülung gegen fettiges Haar

Ich koche fünf Teelöffel Pfefferminzblätter in einem Liter Wasser auf. Nach dem Abkühlen spüle ich meine Haare damit. Wirkt gut gegen fettiges Haar und kostet fast nichts.
E. Sander, Bremen

Brennessel gegen Haarausfall

Gegen Haarausfall hilft ein altes Hausrezept: Auf 200 g Brennesselwurzeln ½ l Essig und 1 l Wasser geben, 30 Minuten kochen und abkühlen lassen. Dreimal pro Woche in die Kopfhaut einmassieren.
Margret Pohlner, Rinteln

Eine Pflanze für die Schönheit

Aloe-Vera-Pflege ist teuer. Darum habe ich meine eigene Aloe-Vera-Pflanze (sollte 4 Jahre alt sein, kostet ca. 20 Mark). Die in den Blättern enthaltene milchige Flüssigkeit mas-

siere ich in meine Gesichtshaut ein. Sie dankt es mir, ist superglatt. Die Blätter wachsen immer wieder nach.
Lüba Schwarz, Stuttgart

Gesichtsmaske aus Eiweiß und Honig
Gesichtsmasken mache ich mir selber. Eiweiß steif schlagen und zwei Teelöffel flüssigen Honig darunter mischen. 20 Minuten auf dem Gesicht einwirken lasen. Dann lauwarm abwaschen. Die Haut wird samtig weich. Wer zu roten Äderchen neigt, sollte sie nicht nachmachen.
Christa Rath, Lennestadt

Gurkenmaske gegen unreine Haut
Ich mache mir meine Gurkenmaske immer selber: eine halbe Gurke pürieren, 5 Eßlöffel Olivenöl, 1 Teelöffel Obstessig und ein Eigelb dazugeben und gut vermischen. Mit einem Holzspachtel trage ich die Masse auf mein Gesicht auf und lasse sie 15 Minuten einwirken. Mit viel lauwarmem Wasser wieder abspülen.
Gabi Strubel, Mainz

Reinigungsmilch selbst gemacht
Meinen Gesichtsreiniger stelle ich selbst her, indem ich Milch und Gurkensaft im Verhältnis 50 : 50 mische. So spare ich Gesichts-Lotion.
Gitta Gude, Greven

Gesichtsmaske gegen fettige Haut
Gesichtsmasken aus der Parfümerie sind mir zu teuer. Ich mische sie selber: 100 g Haferflocken, den Saft einer Zitrone sowie ein Eiweiß gut verrühren. Aufs Gesicht auftragen, 10 Minuten einwirken lassen. Mit warmem Wasser abspülen.
Juliane Klut, Much

Grüner Tee als Gesichtswasser
Anstelle von Gesichtswasser für normale und fettige Haut verwende ich grünen Tee. Wattebausch darin eintunken und Gesicht reinigen. Eine günstige Alternative.
Lisa Zelger, Fürth

Gesichtswasser selber machen
Ich mische 2 Eßlöffel reinen Obstessig mit 5 Eßlöffel Wasser und füge 4 Eßlöffel getrocknete Rosenblätter hinzu. In einem abgedichteten Glas lasse ich die Mischung zwei Wochen ziehen, seihe sie dann ab. Dieses Gesichtswasser eignet sich gut zur Behandlung fettiger Haut. Morgens und abends damit die gereinigte Haut abtupfen.
Elena Struck, Bad Salzuflen

Gesichtspuder
Teuren Gesichtspuder kaufe ich nicht, ich mache ihn selber. Ich mische Babypuder mit ein bißchen Puderrouge. Einfach so viel Rouge ins

Babypuder geben, bis der gewünschte Ton erzielt ist.
Susanne Frank, Göttingen

Hand-Maske selbst gemacht

Vier Eßlöffel Haferflocken mit kochendem Wasser übergießen, eine Weile einweichen und abkühlen lassen. Darin bade ich einmal pro Woche meine Hände. Sie werden samtweich.
Renate Diestel, Laatzen

Honig ersetzt teure Cremes

Rauhe Lippen, Hände und Ellenbogen werden wieder weich, wenn man sie mit Honig bestreicht. Rund 10–15 Minuten eintrocknen lassen. Dann mit lauwarmem Wasser abspülen.
Karin Schmidt, Castrop-Rauxel

Butter löst Harzflecken

Wenn ich von der Gartenarbeit Harzflecken an meinem Händen habe, reibe ich sie einfach mit etwas Butter ab. Anschließend mit klarem, lauwarmem Wasser nachspülen. Supergünstig und hautfreundlich!
R. Hellms, Magdeburg

Insektenschutz

Ein hautfreundliches Insektenschutzmittel muß man nicht teuer kaufen. Ich mache es selbst: Einfache Sonnencreme mit ein paar Tropfen Zedernöl vermischen und in einen leeren Tiegel füllen. Wirkt perfekt.
Rita von Germeren-Grebe, Kassel

Zitrone gegen Mücken

Anstatt Insektenspray nehme ich Zitronensaft. Vor dem Schlafengehen Hände und Gesicht damit einreiben.
H. Reder, Schweitenkirchen

Kamille gegen rote Haut

Kamilleextrakt ist ein wirksames Mittel gegen rote Haut. Zweimal die Woche tränke ich ein Tuch darin und lege es eine Minute aufs Gesicht. Das wiederhole ich dreimal. Ist preiswerter, effektiver und gesünder, als sich die Haut nur mit Make-up zuzuschminken.
Elvira Rödel, Kaiserslautern

Karottensaft und Milch für Bräune

Bräunungscreme hinterläßt oft Flekken und Ränder. Zur gleichmäßigen und sanften Gesichtsbräune mische ich Karottensaft mit etwas Milch. Das tönt nicht nur, es pflegt die Haut auch und ist billig.
Sandra Schmalz, Hannover

Körperöl

Ich mische duftneutrales Babyöl mit einigen Tropfen meines Lieblingsparfüms und habe so eine ideale Körperpflege.
Tobias Heppner, Ewersbach

Parfüm verfliegt nicht

Bei trockener Haut muß man immer soviel Parfüm nehmen, damit man es überhaupt riecht. Deshalb reibe ich einige Stellen mit etwas Vaseline ein, bevor ich das Parfüm auftrage. Der Duft hält wesentlich länger, und ich muß nicht so oft mein teures Parfüm nachkaufen.

Christine E., Halberstadt

Badezusatz

Einen pflegenden Badezusatz kaufe ich nicht, sondern mache ihn lieber selbst. Einige unbehandelte Zitronenschalen mit einem Teelöffel Olivenöl und etwas Wasser 2 Tage ziehen lassen. Diese Mischung dann ins Badewasser geben. Die Haut wird danach samtweich.

E. Traurig, Lam

Massageöl selber machen

Ich mische Olivenöl mit Zitronensaft (1 : 1) und benutze dieses als Massageöl. Duftet gut und entspannt genauso wie die teuren gekauften aus der Drogerie.

Andrea Knauer, Leipzig

Olivenöl als Haarkur

Ich spare das Geld für eine Fertig-Haarkur, indem ich auf ein bewährtes Hausmittel zurückgreife: einfach 1–2 Eßlöffel Olivenöl in das nasse Haar einmassieren und 15 Minuten einwirken lassen. Gut ausspülen. Das Haar wird wieder wunderbar weich und glänzend.

Irmgard Titz, Wettstetten

Mundwasser selber machen

Ich brauche kein teures Mundwasser, weil ich es mir selber aus Apfelessig und Wasser mixe: 1 Teelöffel Apfelessig auf ein Glas Wasser geben und gurgeln. Wenn man davon mal einen Schluck trinkt, kann's nicht schaden. Im Gegenteil: Apfelessig ist supergesund!

Hannelore Zweigle, Duisburg

Peeling aus Zucker

$\frac{1}{2}$ Teelöffel Zucker in der Hand feucht machen. Dann das Gesicht damit waschen. Man bekommt ganz weiche Haut und spart teure Peelings.

Marlene Klauenburg, Wolfenbüttel

Pflege für die Haarspitzen

Ich brauche keine teuren Spezialmittel gegen Haarspliß. Meine Haarspitzen tunke ich ein- bis zweimal die Woche in eine Schale mit lauwarmem Pfefferminztee. Kostet fast nichts und ist wirksam.

Melanie Rave, Hamburg

Pflegebad aus Creme-Resten

Wenn aus der Plastik-Creme-Flasche nichts mehr herauskommt, schneide ich sie auf und gebe die Reste ins

Badewasser. So habe ich ein billiges Creme-Bad.
Y. Lehmann, Hochheim am Main

Rosenwasser selber machen
Ich mische 5 Eßlöffel reinen Obstessig mit 5 Eßlöffeln Wasser und füge 4 Eßlöffel getrocknete Rosenblätter hinzu. In einem luftdichten Glas lasse ich die Mischung zwei Wochen ziehen und seihe sie schließlich ab. Das Wasser eignet sich gut zur Behandlung von fettiger Haut. Morgens und abends auf die gereinigte Haut auftragen.
Elena Struck, Bad Salzuflen

Salz als Körper-Peeling
Peeling-Produkte sind teuer, deshalb stelle ich meine selber her. Für eine Ganzkörper-Behandlung: 100 ml Sahne mit 4 EL Salz mischen, die feuchte Haut damit kräftig einreiben, anschließend sorgfältig abduschen. Die Haut wird samtweich.
Theodora Dörken, Münster

Sauerkraut gegen Sodbrennen
Gegen Sodbrennen hilft ein natürliches Hausmittel: rohes Sauerkraut. Schon nach ein bis zwei Gabeln voll sind die Beschwerden verschwunden.
Ingrid Rehfeld, Dormagen

Hustensaft aus Kartoffelwasser
Ich mache mir meinen Hustensaft selbst: Ein Becher warmes, ungesalzenes Kartoffelwasser, mit Honig gesüßt, hilft vorzüglich. Dreimal täglich trinken.
L. Raeder, Wiesbaden

Schluckauf-Hilfe
Wenn meine Kinder Schluckauf haben, gebe ich ein paar Tropfen Obstessig auf ein Stückchen Würfelzucker. Den Zucker langsam im Mund zergehen lassen.
Helene Bart, Salzgitter

Zitronen statt Anti-Pickelstift
Unreine Haut muß man nicht mit teuren Anti-Pickel-Produkten behandeln. Es genügt, wenn man mehrmals täglich einen Tropfen Zitronensaft auf die betroffenen Stellen reibt.
W. Schrafen, Oberhausen

Bild

Aus eins mach zwei: strecken und verlängern

Aus eins mach zwei

Weniger ist mehr – sagt ein Sprichwort. Und das bewahrheitet sich bei vielen Dingen im Leben. Nicht nur, daß man dadurch wirklich eine ganze Menge Geld spart, von den Sachen hat man auch doppelt so lange. Das fängt bei Watte-Pads an, die geteilt viel besser zu handhaben sind, über mit Wasser verdünntes Haarshampoo sowie Abwaschmittel und hört bei der halbierten, aber nicht minder wirksamen Gebißreinigungstablette auf. Wovon Sie sonst noch mit der Hälfte auskommen, verraten Ihnen unsere Leser-Spartips auf den folgenden Seiten.

Aus einer Flasche Spülmittel werden zwei

Die Hälfte des Spülmittels fülle ich in eine leere Flasche um. Dann fülle ich beide mit Haushaltsessig auf. Reinigt besser und milder.

Irma Roosen, Trebur

Aus zwei mach drei Paar Strümpfe

Beim Kauf von Perlonstrümpfen nehme ich immer gleich zwei Paare. Geht ein Strumpf kaputt, werfe ich nur diesen weg und ersetze ihn durch einen von dem zweiten gekauften Paar. Geht noch einmal ein Strumpf kaputt, so habe ich ja noch einen Reservestrumpf.

Ursula Schlüter, Lemgo

Bodylotion auf feuchte Haut

Körpercreme sollte man in die noch feuchte Haut einmassieren. Hat den gleichen Effekt. Man verbraucht aber weniger Creme.

Peter Stammnitz, Idar-Oberstein

Körperlotion sparen

Vor dem Baden gebe ich ein paar Spritzer Körperlotion ins Wasser. Dann brauche ich mich hinterher nicht mehr einzucremen und spare teure Bodylotion.

Jürgen Dedio, Omersbach

Bodylotion strecken

Körperlotion von Markenparfüms sind ziemlich teuer, duften manchmal auch zu intensiv. Deshalb mische ich diese mit einer neutralen, unparfümierten Lotion, die nur ein Drittel kostet. Ich mische 1 : 1 und habe so die doppelte Menge und dufte genausogut.

Marliese Leis, Saarbrücken

Deos verlängern

Deos sind mir zu konzentriert. Deshalb kaufe ich mein Deo in einem Pumpzerstäuber, fülle gleich die Hälfte ab und verdünne den Rest mit Wasser. So hab' ich zwei aus einem!

M. Biel, Frankfurt/Main

Halbe Gebißreinigungstablette reicht

Ich nehme immer nur eine halbe Tablette zur Reinigung meines Gebisses. Die reinigt ebensogut, und ich spare auf Dauer viel Geld.
Wilhelmine Rosinger, Ulm

Doppelte Menge Watte-Pads

Mehrschichtige Watte-Pads zur Gesichtsreinigung teile ich in der Mitte durch. So bekomme ich die doppelte Menge und verbrauche auch weniger Gesichtswasser, weil das Pad sich nicht so vollsaugen muß.
Christiane Högermann, Osnabrück

Papiertaschentücher verdoppeln

Taschentücher einmal von Ecke zu Ecke durchschneiden, so daß zwei Dreiecke entstehen. So erhalten Sie die doppelte Menge an Taschentüchern fürs Naseputzen.
Erika Henges, Ludwigshafen

Billige Filtertüten

Für kleine Kaffeemaschinen sind die Filtertüten sehr teuer. Ich kaufe mir einfach die billigen einer größeren Form und schneide sie passend für meinen Filtereinsatz zurecht. So spare ich über 50 Prozent.
Rita Rosenow, Bottrop

Katzenstreu mit Sand verlängern

Ich verlängere mein Katzenstreu mit 50 Prozent Sand. Ist genauso ergiebig und viel billiger.
Heinz Petereit, Magdeburg

Haarspray sparen

Um die Haare zu frisieren, braucht man nicht jedesmal Spray zu benutzen. Füllen Sie eine Plastiksprühflasche mit Wasser auf und besprühen Sie Ihre Haare damit. Die Feuchtigkeit aktiviert den noch vorhandenen Festiger vom Vortag im Haar. So hält eine Dose Haarspray viel länger.
Ruth Klüpfel, Frankfurt/Main

Spülmittel verdünnen

Flüssige Spül- oder Waschmittel verdünne ich mit Wasser (1 : 1). Die Reinigungskraft reicht noch immer aus. Eine Packung hält doppelt so lange, und ich schone die Umwelt.
Anita Roslawski, Wesel

Fotoecken sparen

Beim Einkleben ins Fotoalbum kann man selbstklebende Fotoecken sparen, indem man sie einfach durchschneidet. So sind sie zwar kleiner, erfüllen aber ihren Zweck genausogut. Die Packung hält länger, und ich spare den frühen Neukauf.
Gisela Ackermann, Hagen

Haushaltshandschuhe halten doppelt

Unansehnlich gewordene Haushalts-Gummihandschuhe drehe ich um.

Dadurch erfüllen sie noch mal so lange ihren Zweck. Kosten also nur die Hälfte.
Vera Katzer, Hohenlockstedt

Kleister aus Mehl
Reicht der Tapetenkleister nicht, schnell neuen machen: 1/2 Kilo Weizenmehl mit 1/2 Liter Wasser verrühren. Danach mit 7,5 Liter kochend heißem Wasser auffüllen.
Monika Erde, Frankfurt/Main

Knetgummi wieder weich
Reste von hart gewordener Knetmasse lege ich in ein leeres Einmachglas und träufele etwas Öl darüber. Nach dem Einwirken durchkneten. So mache ich aus den Resten wieder eine gute Knetmasse für meine Kinder. Neukauf gespart.
Christine Müller, Stuttgart

Limo aus einem Teebeutel
Beim zweiten Aufguß eines Teebeutels bereite ich mir mit etwas Zitronensaft ein erfrischendes Getränk.
Hilde Killing, Langen

Make-up mit Hautcreme verdünnen
Ich dosiere mein Make-up sparsamer, indem ich es zusammen mit etwas Hautcreme auftrage. Es läßt sich nicht nur leichter verteilen, ich muß auch weniger oft Make-up kaufen.
Andrea Vondran, Dresden

Petroleum sparen
Petroleumlampen brennen länger und heller, wenn man dem Petroleum einen halben Teelöffel Salz zufügt.
Dieter Seubert, Boxberg

Röcke verlängern
Wenn meine Mädchen aus ihren Röcken herausgewachsen sind, verlängere ich diese, indem ich einen breiteren Bund annähe. Fällt kaum auf, wenn sie die Pullis über dem Rock tragen, und ich muß so schnell keine neuen kaufen.
Margret Stein, Augsburg

Schokoladenglasur selbst gemacht
Ich schmelze preiswerte Schokolade im Wasserbad und verrühre sie mit Palmenfett (100 : 20). So habe ich eine billige Glasur für Kuchen und Torten.
Heike Thaler, Stuttgart

Ein Teelöffel getrocknete Pilze reichen aus
Trockenpilze sind teuer. Durch die Pfeffermühle gemahlen, genügt schon ein Teelöffel voll, um einen leckeren Pilzgeschmack (egal ob an Suppe oder Soße) zu bekommen.
E. von Fara, Lörrach

Orangensaft verdünnt trinken

Ein Liter Orangensaft in zwei Flaschen bis zur Hälfte abfüllen und mit Mineralwasser verdünnen. Ist billiger und schmeckt auch gut.

Christine Zeiß, Theisenort

Schuhsohlen halten länger

Neue Schuhe mit Ledersohlen reibe ich vorm ersten Tragen immer mit Leinöl ein. Und danach einmal die Woche. So laufen sich die Sohlen längst nicht so schnell ab, und ich muß sie nicht so oft zum Schuster bringen.

Hanni Stehle, Baiersbronn

Scheuersand dosieren

Aus den Öffnungen der Scheuersand-Dose kommt immer viel zu viel auf einmal raus. Darum klebe ich einfach ein paar der Löcher mit Tesafilm zu. So kann ich die Scheuersandmenge besser dosieren und muß längst nicht so schnell wieder neuen kaufen.

A. Otte, Jena

Shampoo-Flaschen umfüllen

Da die meisten Öffnungen von Shampoo-Flaschen viel zu groß sind und oft viel zu viel rausläuft, fülle ich sie in einen Seifenspender um. So kann ich's prima dosieren und komme dreimal so lange damit aus.

Birgit Schubert, Engelskirchen

WC-Reiniger aus Seifenresten

Ich stecke Seifenreste in die Duftsteinhalter des Toilettenbeckens. Sie erfüllen den gleichen Zweck und sind umweltfreundlich.

K.-H. Schulte, Dortmund

Zahnpastatuben aufschneiden

Die leere Tube nicht einfach wegwerfen. Wenn man sie aufschneidet, kann man noch eine Menge herausholen.

Nicole Frandsen, Hamburg

Natur statt Chemie

Unser Gewissen hat sich der Umwelt zuliebe gewandelt. Während wir früher mit chemischen Stoffen wie Treibgas, Giften und Medikamenten eher sorglos umgingen, überlegen wir heute sehr wohl, ob es nicht doch eine Natur-Alternative gibt, die außerdem noch weniger kostet. Egal, ob wir z. B. Pflanzen düngen, hartnäckige Flecken auf Herdplatten entfernen oder einen verstopften Abfluß wieder frei bekommen wollen.
Es lohnt sich immer, der Geldbörse und der Umwelt wegen!

Bananenschalen als Rosendünger
Einfach um die Rosenstöcke in die Erde eingraben. Spart teuren Rosendünger.
Elfriede Scheufele, Heddesheim

Herbstlaub spart Dünger
Wenn man einen Garten hat, empfiehlt es sich, im Herbst das Laub zusammenzukehren und daraus einen Komposthaufen anzulegen. Im Frühjahr braucht man weder Dünger noch Erde zu kaufen.
Jobst Garrecht, Ludwigshafen

Kostenloser Dünger
Ich sammle Brennesseln, zerkleinere sie und gebe sie in die Blumenerde meiner Balkonkästen. Sie sind ein wunderbarer kostenloser Dünger für meine Pflanzen. Alles grünt und blüht – eine wahre Pracht!
W. Schindler, Saarbrücken

Mineralwasser als Dünger
Abgestandenes Mineralwasser kippe ich nicht weg, sondern gieße es in meine Blumen. So hat das Wasser noch einen Nutzwert, und außerdem brauche ich keinen Blumendünger zu kaufen.
Elli Geisler, Wittstock

Salz gegen Unkraut
Zum Säubern meiner Gartenwege nehme ich heißes, stark konzentriertes Salzwasser. Das gieße ich zwischen die Ritzen. So erübrigt sich Unkrautvernichtungsmittel, und ich schone noch die Umwelt.
Ingrid Vogt, Schlüchtern

Bullrichsalz gegen Unkraut
Unkraut zwischen Gartenplatten kann man günstig entfernen, indem man auf eine bewährte Salzlösung zurückgreift. Statt Unkrautvernichtungsmittel zu kaufen, löse ich einen gehäuften EL Bullrichsalz (Apotheke) in 1 l Wasser auf und begieße das Gras damit. So wird das Nachwachsen des Unkrauts umweltfreundlich verhindert.
L. Baeder, Wiesbaden

Lavendel gegen Läuse

Rosen werden schnell von Blattläusen befallen. Um sie davor zu schützen, pflanze ich zwischen die Rosenstöcke Lavendel. Das wirkt prima. Teure Insektizide überflüssig.

D. Schmied, Hüttenberg

Bier als Korbmöbelpflege

Korbmöbel bekommen einen schönen Glanz, wenn man sie ab und zu mit lauwarmem Bier abreibt. Mit einem weichen Lappen nachpolieren, fertig.

Günter Speiser, Ludwigshafen

Kernseife reinigt Schleiflack

Schleiflackmöbel lassen sich umweltschonend und sparsam mit Kernseifenwasser reinigen. Möbel immer in einer Richtung damit einreiben und mit einem weichen Wildlederlappen nachpolieren.

D. Ballhaus, Gelsenkirchen

Rotwein und Öl für dunkle Hölzer

Rotwein und Speiseöl zu gleichen Teilen gemischt ist eine ideale Politur für alle dunklen Hölzer.

Eva-Maria Müler, Siegburg

Bier reinigt Zinn

Wird genauso glänzend wie mit Spezialpflegemittel.

Britta Sonnen, Neuss

Buttermilch reinigt Kupfer

Mit einem Buttermilch-Salz-Gemisch reinige ich meine Kupferteile. Beides zu gleichen Teilen mischen und die verschmutzten Stellen damit einreiben. Rund 5 Minuten einwirken lassen und mit einem weichen Tuch nachpolieren. Das Kupfer blitzt wieder wie neu.

Patrizia Schein, Hamburg

Sand statt Scheuermittel

Ich reinige meine Küchentöpfe nur mit etwas heißem Wasser und ganz feinem Sand. So hat es schon meine Großmutter gemacht. Die Töpfe werden wieder wie neu.

Elisabeta Schneider, Göppingen

Kartoffeln reinigen

Schmutzige Thermoskannen, Vasen und Flaschen sind ohne Putzmittel und ohne scheuern zu reinigen: Eine rohe Kartoffel in kleine Würfel schneiden, in das bis zum Rand mit Wasser gefüllte Gefäß geben, 10–12 Stunden stehen lassen. Danach kräftig schütteln, ausspülen und fertig. Funktioniert auch bei Silberbesteck. Einfach in das Wasser legen.

Annemarie Koch, Großvoigtsberg

Magermilch pflegt Linoleum

Man kann strapaziertes Linoleum einfach mit Magermilch reinigen.

So wird's wieder glänzend sauber, und man schont die Umwelt.
Monika Lettel, München

Schwarzer Tee reinigt Holzfußböden
Schwarzer Tee ist für meine versiegelten Holzfußböden ein preiswertes Reinigungsmittel. Kleine Kratzer werden sogar nachgetönt.
Rita Dengler, Grossrosslen

Putzmittelersatz
Ich kaufe Haarshampoo nur im Angebot und putze damit die Kunststoff-Fensterrahmen und alle Fliesen. Hinterher riecht und glänzt alles wunderbar. Es kostet fast gar nichts, und die Umwelt wird so auch noch geschont.
Ulla Hagen, Lauenburg

Kartoffelwasser als Silberbad
Mit heißem Kartoffelwasser kann man wunderbar Silber reinigen. Im „Silberbad" werden die Silberteile nach kurzer Zeit wieder blank. Ich muß nicht den teuren Spezialreiniger kaufen.
Alisia Gude, Greven

Mehl statt Edelstahlpolitur
Haushaltsgegenstände aus Edelstahl kann man preiswert wieder auf Hochglanz bringen, indem man sie mit etwas Weizenmehl abreibt.
Anneliese Gräb, Bad Eudbach

Rohe Kartoffelschale zum Polieren
Ich reibe meine Edelstahltöpfe und Spüle mit rohen Kartoffelschalen aus. So wird alles blitzsauber.
Erich Frantz, Lübeck

Radiergummi statt Fleckenentferner
Absatzspuren auf glatten Fußböden lassen sich leicht mit einem Radiergummi wegrubbeln.
Berta Saier, Buchenbach

Zigarettenasche gegen Rostflecken
Leicht angerostete Stellen an meinem Auto poliere ich mit etwas Zigarettenasche auf einem leicht angefeuchteten Tuch. So brauche ich kein Spezialmittel.
R. Wenzel, Bad Marienberg

Salz schützt vor Schimmel
Lästigen Schimmel an Duschvorhängen kann man von vornherein vermeiden, indem man den Vorhang gleich nach dem Kauf über Nacht in Salzwasser legt. Anschließend naß aufhängen und an der Luft trocknen lassen. So hält er ohne weiteres dreimal länger.
Etienne Stecklina, Herford

Herd mit Salz reinigen
Den Schmutz an den Rändern meiner Herdplatten entferne ich fast mühelos, indem ich Salz auf einen feuchten Lappen gebe und die Ver-

schmutzungen damit wegreibe. Spezialmittel gespart.
Gerti Berthold, Homburg

Vaseline reinigt Ceran
Ich spare Spezialreiniger, indem ich meine Ceran-Kochfelder einmal die Woche mit Vaseline einreibe. So kann sich der Schmutz gar nicht erst einbrennen.
Ursula Pfeifer, Heppenheim

Schimmelpilzen vorbeugen
Damit im Badezimmer keine Schimmelpilze entstehen, hänge ich Beutel mit Silikon-Granulat in den Raum. Diese absorbieren die Feuchtigkeit, und Schimmelpilze haben erst gar keine Chance, sich zu bilden.
Nadine Hopfen, Ludwigsburg

Kellerwände ohne Schimmel
Wände im Keller und Heizungsraum werden leicht feucht und setzen Schimmel an. Das verhindere ich, indem ich sie hin und wieder mit einer Wurzelbürste bearbeite. Dabei fällt loser Mörtel ab, und der Schimmel hat viel weniger Angriffsfläche.
Marianne Schneider, Mannheim

Soda macht Abfluß frei
Statt umweltschädigender Reinigungsmittel gebe ich eine Handvoll Soda in den Abfluß und spüle es mit heißem Wasser nach. Wirkt auch gegen unangenehmen Geruch.
Daniela Neumann, Potsdam

Stoffe mit Tee färben
Ich färbe Baumwoll- oder Leinenstoffe mit schwarzem Tee. Einfach den Stoff über Nacht in lauwarmen Tee einweichen. Ergibt einen tollen Braunton, der sich nicht auswäscht.
Christel Arnold, Wald-Michelbach

Olivenöl pflegt Lackschuhe und -taschen
Damit Lackschuhe oder -taschen nicht spröde und brüchig werden, sollte man sie regelmäßig mit etwas Olivenöl einreiben. Anschließend gründlich mit einem weichen Lappen nachpolieren. So bleibt der Lack viel länger schön, und man braucht kein Spezialpflegemittel.
H. Kiss, Heddesheim

Tee entfernt Fliegendreck
Fliegendreck auf meinen Autofenstern entferne ich mit einem in Tee getränkten Lappen. So brauche ich keinen Fensterreiniger zu kaufen.
Wilma Müller, Lübeck

Vogelsand statt Streusalz
Vogelsand ist bei Glätte als Antirutschbelag viel günstiger und umweltschonender als Streusalz.
Ch. Wiederspalm, Wedel

Klebstoff selber machen
Ich mache meinen Klebstoff selbst: Gelatine in Essig auflösen und in ein leeres, sauberes Glas mit Drehverschluß füllen. Spart Geld und schont die Umwelt.
Simone Wilhelm, Benneckenstein

Zitrone statt Weichspüler
Einfach zwei ausgepreßte Zitronenhälften in die Waschtrommel geben. Macht den Weichspüler überflüssig, und die Wäsche duftet genauso.
Carsten Schulz, Dormagen

Schaffell einfach säubern
Ein helles Schaffell läßt sich gut mit Stärkemehl reinigen. Mit der Bürste einarbeiten und das Fell anschließend gründlich ausschütteln. Chemische Reinigung überflüssig.
Martina Röllnreiter, Schochwitz

Eierschalen als Aufheller
Wäscheaufheller kann man ganz einfach selber machen. Schalen von weißen Eiern in ein Leinensäckchen geben, zerklopfen und zur Kochwäsche geben.
Annelies Müller, Leipzig

Zitrone, und das Glas glänzt
Ich putze meine Glastische immer mit frischem Zitronensaft. Damit Tische kräftig abreiben, hinterher gründlich mit einem weichen Tuch blankpolieren.
Insa Berger, Hannover

Zitronensäure entkalkt Elektrogeräte
Teure Entkalker brauche ich nicht, sondern gebe zwei gehäufte Eßlöffel Zitronensäure in einen Liter Wasser und reinige damit meine Elektrogeräte.
Ulrike Reuter, Mönchen-Gladbach

Zitronenschalen statt Klarspüler
Man spart den Kauf von chemischen Klarspülmitteln, wenn man einfach ein paar ausgedrückte Zitronenschalen mit in den Geschirrspüler (Besteckkasten) oder ins Spülwasser gibt. Ist umweltfreundlich, und das Geschirr riecht angenehm frisch.
Barbara Breternitz, Engelsdorf

Zucker reinigt Gardinen
Wenn ich meine Gardinen wasche, füge ich dem letzten Spülgang einige Eßlöffel Zucker hinzu. Das macht sie wieder strahlend weiß. Ich spare Aufheller und schone die Umwelt.
Saine Gauweiler, München

Zwiebelsaft spart Hustensaft
Ich gebe kein Geld für Hustensaft aus, weil ich lieber auf mein Hausrezept zurückgreife: Man schneidet 2 Zwiebeln klein, gibt ein paar Eßlöffel Zucker und 1 Tasse kochendes Was-

ser darüber. Die Mixtur über Nacht stehen lassen. Morgens und abends 1 Eßlöffel Saft trinken. Hilft wunderbar gegen leichten Husten.
Maximilian Keller, Halle

Zahnpasta bei Verbrennungen
Bei kleinen, schmerzhaften Verbrennungen hilft Zahnpasta. Einfach auf die Wunde streichen. Der Schmerz wird gelindert, man bekommt keine Brandblasen und braucht keine Spezialsalbe.
E. Haberstein, Dresden

Energie:
Strom und Wasser sparen

Energie: Strom und Wasser sparen

Heute achten wir wohl alle darauf, Strom und Wasser zu sparen. Nicht nur weil beides so teuer ist, sondern auch aus Verantwortungsbewußtsein. Die größten Stromverschwender sind Fernseher, Videorecorder, Faxgeräte. Sie bleiben Tag und Nacht in Bereitschaft, stehen also „stand by" unter Strom. Rund 4,2 Milliarden Mark nehmen die Elektrizitätswerke dadurch zusätzlich ein. Auch bei Waschprogrammen kann Strom und Wasser gespart werden. Meistens wird die Wäsche auch ohne Vorwäsche und bei 60 Grad sauber, benutztes Wasser kann man für manche Zwecke noch mal verwenden. Unsere Leser/innen haben noch viele andere raffinierte Sparmöglichkeiten entdeckt.

50 Grad reichen

Ich spare Stromkosten, indem ich meinen Warmwasserboiler von 60 auf 50 Grad umgestellt habe. So ist das Wasser immer noch heiß genug.
Engelbert Rössler, Spangenberg

Folie spart Heizkosten

Die schnellste und billigste Art der Doppelverglasung ist das Bekleben des Innenfensterrahmens mit einer das Fenster komplett bedeckenden durchsichtigen Spezialfolie. Das reduziert die Heizkosten erheblich.
Erika Wetzel, Absteinach

Alufolie spart Heizkosten

Wenn man Alufolie mit Tesa hinter den Heizkörpern an der Wand anbringt, hilft das, die Heizkosten zu senken.
Maria-Margrete Weiser, Freiburg

Folie beim Bügeln spart Strom

Ich spare Arbeit und Strom, indem ich mein Bügelbrett mit Alufolie bespanne. So wird die Hitze reflektiert, die Wäsche wird von unten mitgebügelt.
B. Plambeck, Meiningen

Bügeltrick

Wenn ich Taschentücher bügele, lege ich immer mehrere übereinander. Das spart nicht nur Zeit, sondern auch Energie.
Annelie Schlegemilch, Heidenheim

Energiesparen beim Bügeln

Nach dem Bügeln von Baumwollstoffen schalte ich das Bügeleisen ab. Mit der Restwärme kann ich noch einen Stoß Feinwäsche wegbügeln.
A. Dähnert, Freiburg

Styropor spart Heizkosten

Ich stelle Styroporplatten aus dem Baumarkt hinter meine Heizung. So bleibt die Wärme besser im Raum.
Eugen Bruski, Lüdenscheid

Aquariumwasser für Pflanzen

Pflanzendünger muß man nicht kaufen, wenn man ein Aquarium besitzt. Beim Teilwasserwechsel das gebrauchte Wasser auffangen und die Balkonpflanzen damit gießen. Spart Wasser- und Düngemittelkosten!
Holger Löffler, Lörrach

Aufladbare Batterien kaufen

In der Anschaffung zwar etwas teurer, auf Dauer aber billiger und umweltfreundlicher!!! Man kann sie unbegrenzt wieder aufladen.
Cornelia Oehme, Zorneding

Batterien auf Heizung legen

Batterien verlängern ihre Lebensdauer, wenn man sie auf die warme Heizung legt.
Ellen Klinck, Bad Oldesloe

Batterie-Wecker statt Radiowecker

Lassen Sie sich lieber von einem batteriebetriebenen Wecker wachmachen als von einem Radiowekker. Denn der ist den ganzen Tag angeschlossen und verbraucht eine Menge Strom.
Bettina Menges, Großkarlbach

Butter gegen lange Garzeit

Ich spare Energie beim Kochen von Kartoffeln, indem ich dem Wasser etwas Butter beigebe. So werden sie erheblich schneller gar.
Corinna Loebert, Boitzenburg

Öl reduziert Garzeit

Ich reduziere die Garzeit von Kartoffeln oder Gemüse, indem ich einen Schuß Öl mit ins Kochwasser gebe. Weil das Wasser so heißer wird, ist das Gemüse fast doppelt so schnell fertig.
Christine Helm, Görlitz

Hülsenfrüchte mit Mineralwasser kochen

Hülsenfrüchte (zum Beispiel Reis, Erbsen) brauchen nur die Hälfte der Kochzeit, wenn man der Flüssigkeit eine Tasse Mineralwasser hinzufügt.
Doris Gaiser, Wittershausen

Kartoffeln in Scheiben kochen

Rohe Kartoffeln für einen Kartoffelsalat schneide ich gleich in Scheiben und gare sie dann im Dampfkochtopf. Die Garzeit ist nur noch halb so lang. Das spart Energie.
Jutta Wolf, Rieden

Deckel auf den Topf

Beim Kochen unbedingt einen Deckel auf den Topf tun. Das spart bis zu 15 Prozent Energie.
Klaus-Dieter Hax, Berlin

Wasserkocher verkürzt Kochzeit

Koch' ich zum Beispiel Gemüse, setze ich das Wasser im Wasserkocher auf. Sprudelt es, gieße ich es in den Topf mit dem Gemüse. So verkürzt sich die Kochzeit um mehrere Minuten, und ich spare Strom.
Bronislava Lechtchinskaia, Hannover

Zwei in einem kochen

Koche ich Pellkartoffeln, zum Beispiel für Salat, lege ich die Eier gleich mit ins Kochwasser. So spare ich Strom und muß auch nur einen Topf abwaschen.
Erika Lichterbeck, Twist

Zwei Kuchen gleichzeitig backen

Wenn ich Kuchen backe, rühre ich gleich den Teig für zwei Kuchen an und backe beide. Davon friere ich dann einen ein. Ich spare dadurch eine Menge Strom (Backofen nur einmal genutzt), Wasser (einmal Abwasch) und sogar noch Zeit!
Christel Fiedler, Hamburg

Dreieckige Buletten braten

Ich forme Buletten immer dreieckig. So passen wesentlich mehr in die Pfanne – sie ist komplett ausgefüllt. Strom-, Fett- und Zeitersparnis.
H. Krause, Altensteig

Reis im Bett kochen

Um Energie beim Kochen zu sparen, lasse ich Milchreis nur kurz auf dem Herd aufkochen. Dann umwickele ich den Topf mit Zeitungspapier, stelle ihn ins Bett und lege eine Bettdecke drüber. Nach ungefähr 2 Stunden ist der Reis gar. Brennt garantiert nicht an.
Renate Tarrach, Wetter

Minipizza in der Pfanne

Ich spare Geld und Energie, indem ich meine gekaufte Minipizza nicht im Backofen zubereite, sondern in der Pfanne mit geschlossenem Deckel.
Henny Buxol, Lippstadt

Fleischstücke schneller gar

Dicke Fleischstücke, wie z. B. Koteletts, sind schneller durchgebraten, wenn man sie mit dem Fleischhammer flach klopft. So spart man Strom- bzw. Gaskosten. Und das Fleisch wird besonders zart.
Karin Bekehrt, Hannover

Duschen und feudeln

Ich dusche nur noch in der Badewanne, stecke den Stöpsel rein und fange somit das Wasser auf. Anschließend verwende ich es zum Feudeln.
Marianne Goedicke, Bad Lippspringe

50 Prozent weniger Wasser

Ich habe an jedem Wasserhahn eine Spar-Mischdüse angebracht (kostet etwa 8–12 Mark). Dadurch spare ich bis zu 50 Prozent Wasser!

Hildegard Schulz, Bergisch Gladbach

Kondenswasser aus dem Trockner nutzen

Das Wasser aus dem Wäschetrockner (Kondensationstrockner) nutze ich noch zum Fensterputzen und gieße auch meine Blumen damit. So spare ich Wasser.

Eva Mayer, Augsburg

Duschstopp einbauen

Gibt's im Fachhandel (rund 9 Mark). Duschstopp zwischen Brauseschlauch und Duschkopf schrauben. So kann das Wasser zum Beispiel während der Haarwäsche abgestellt werden. Einsparung: 60 Prozent.

Udo Zarling, Freilingen

Badewasser zur Toilettenspülung

Badewasser in einen Eimer füllen und als Klospülung nutzen. Das mach' ich seit Jahren und spare enorme Wasserkosten.

Anneliese Kühnast, Freialdenhoven

Wasser sinnvoll nutzen

Während der Küchenarbeit spüle ich ständig mit klarem Wasser meine Hände und Sachen ab. Dieses Wasser fange ich im Becken mit einer viereckigen Plastikschüssel auf. Anschließend nehme ich es als Blumenwasser für meine Zimmer- und Terrassenpflanzen. Spart Wasser und Geld.

Wally Schlewski, Rheinbach

Wenn Spülwasser wegläuft

Die Stöpsel von Spülbecken werden mit der Zeit undicht, und das Wasser läuft weg. Um das zu verhindern, bestreiche ich den alten Stöpsel rundherum dünn mit Alleskleber. Trocknen lassen. Der Stöpsel schließt wieder wie neu, und ich spare Wasser.

H. Tietjen, Harsefeld

Holzkohle für Blumenwasser

Blumenwasser muß nicht so häufig gewechselt werden, wenn man ein Stückchen Holzkohle mit in die Vase tut.

A. Walter, Karlsbad

Erst helle, dann dunkle Wäsche

Wasche ich helle Wäsche, lasse ich die Lauge in die Badewanne pumpen. Darin wasche ich dann dunkle Sachen oder Arbeitskleidung mit der Hand. So spare ich warmes Wasser, Waschpulver und Energie.

Gudrun Csomos, Köthen

Frottiertuch mit in die Wäsche

Ich gebe immer ein trockenes Handtuch mit in den Trockner. So ist die Wäsche schneller fertig, und man spart erheblich Strom.
Beatrice Tubach, Bad Wildbau

Haarshampoo spart Waschmaschinenvorwäsche

Den Vorwaschgang bei stark verschmutzten Hemdenkragen kann man sparen, indem man sie vor dem Waschen mit Haarshampoo einreibt. Das löst schonend den Schmutz, und die Kragen werden wieder strahlend sauber. Preiswert und umweltschonend.
Erika Wetzel, Absteinach

Keine 90-Grad-Wäsche

Die Wäsche wird auch bei 60 Grad blitzsauber!
Hiltrud Weber

Spar-Waschgang

Ich stelle abends die Waschmaschine an, lasse nur Wasser einlaufen und die Trommel ein paarmal drehen. Dann stelle ich alles wieder ab. Morgens mache ich die Waschmaschine wieder an. So ist die Wäsche schon eingeweicht, und ich spare dadurch Vorwäsche, Strom und Waschpulver.
Susanne Quittenbaum, Stuttgart

Waschen ab 22 Uhr billiger

Von 22 Uhr bis 6 Uhr morgens ist der Strom fast $^{1}/_{3}$ billiger als am Tag (12 statt 49,6 Pfennig pro Kilowattstunde), deshalb wird bei mir erst spät gewaschen.
Ulrike Ganz, Freiburg

Geschirrspüler eher ausschalten

Nach dem letzten Spülgang und vor dem Trockenprozeß die Maschine ausschalten, Tür öffnen, Dampf entweichen lassen. Es ist innen noch so heiß, daß das Geschirr auch schnell trocken wird.
Christine Fischer, Hamburg

Alles in einem Abwasch

Bevor ich meine Geschirrspülmaschine entkalke, stelle ich meinen Wasserkessel und eventuell verkalkte Töpfe gleich mit hinein. Spart Entkalkungsmittel.
Berta Saier, Buchenbach

Grillglut spart Strom

Nach jedem Grillen setze ich auf den Grillrost einen Topf mit Wasser. Durch die noch warme Glut erhitzt es sich und eignet sich gut zum Säubern der Grillutensilien.
P. Hölscher, Nienborg-Heek

Herdhitze ausnutzen

Nach dem Kochen schalte ich den Elektroherd aus, stelle sofort einen

Topf mit Wasser drauf. Die Resthitze reicht völlig für den Abwasch.
W. Mai, Koblenz

Kaffeemaschine läßt Butter schmelzen
Brauche ich geschmolzene Butter, so stelle ich ein Schälchen mit Butter auf die Warmhalteplatte der Kaffeemaschine. Verbraucht ganz wenig Strom.
Heinrich Krause, Altensteig

Nur kurz und heftig lüften
Langes Lüften kühlt die Wohnung aus und verschwendet Heizkosten.
Heinz Kühl, Bolheim

Ohne Backblech Energie sparen
Beim Backen oder Aufbacken von Brötchen nehme ich das untere Backblech raus. Das spart Energie und verkürzt die Backzeit.
Charlotte Fandrey, Leipzig

Ölheizung reinigen spart Heizkosten
Schon bei geringsten Ablagerungen von Ruß und Verbrennungsrückständen im Heizungskessel können hohe Wärmeverluste entstehen. Wenn man zweimal im Jahr den Kessel reinigt, spart man viel Heizöl.
Gerhard Moerkerk, Kleve

Salatwasser zum Blumengießen
Wenn ich Salat oder Gemüse wasche, fange ich das Wasser in einer Schüssel auf und benutze es zum Blumengießen.
Christine Brix, Frankfurt/Main

Salz hält Wasser länger warm
In die Wärmflasche einen Eßlöffel Salz geben. Das Wasser bleibt länger heiß. Sie brauchen es nicht so oft zu erneuern.
Marta Seegert, Erkelenz

Saubere Topfunterseite spart Strom
Eine ebene, saubere Topfunterseite und Kochplatte kann beim Kochen bis zu 50 Prozent Strom einsparen.
Johann Wagner, Landshut

Steckdosenlampen sparen Strom
Wird es abends dunkel, stöpsele ich in Küche, Bad und Flur jeweils eine kleine Steckdosenlampe. Sie spenden ausreichend Licht, wenn man nur kurz in den Flur oder in die Küche geht. So braucht man nicht jedesmal das Licht an- und auszuschalten. Spart auf Dauer Strom und Glühbirnen!
Ingeburg Lang, Altenburg

Thermoskanne spart Strom
Wenn Kaffee oder Tee durchgelaufen ist, stelle ich die Maschine sofort aus. Eine Thermoskanne hält die Getränke genausogut warm.
Barbara Gaedecke, Glückstadt

Zahnputzbecher spart Wasser

Es gibt immer noch Leute, die sich die Zähne bei laufendem Wasser putzen. Dabei gehen rund 10 Liter Wasser verloren (dreimal täglich!). Benutzen Sie lieber einen Zahnputzbecher, so verbrauchen Sie jedesmal nur einen Viertelliter Wasser.

Reinhard Stelzer, Hamburg

Zeitungspapier ins Gefrierfach

Leere Fächer und Schubladen in meinem Gefrierfach stopfe ich mit Zeitungspapier aus. Ist der Eisschrank voll, vereist er nicht und verbraucht weniger Strom.

Gerhard Rathje, Hamburg

Kühlschrank abtauen vorm Urlaub spart Strom

Vor jedem Urlaub stelle ich den Kühlschrank auf die kleinste Stufe oder mache ihn ganz aus. Verderbliche Lebensmittel friere ich vorher ein oder verbrauche sie noch vor der Abfahrt. Kühlschranktür unbedingt öffnen, sonst bildet sich Schimmel.

Erhard Herzig, Goldbach

Die preiswerte Alternative

Fahrgemeinschaften bilden

Inzwischen beschert uns die Industrie ja für und gegen alles ein spezielles Produkt. Egal, ob zum Kochen, für die Kleider- und Haushaltspflege, fürs Auto und für unseren Körper. Hätten wir alle Spezialprodukte im Haus, würden nicht nur unsere Schränke überquellen – wir hätten auch eine Menge Geld dafür ausgegeben.
Manchmal geht uns auch ein Produkt aus, wir haben vergessen, es nachzukaufen. Nur keine Panik! Wir können vieles auch durch ein anderes Produkt ersetzen. Zum Beispiel, wenn unsere Shampooflasche plötzlich leer ist, können wir unser Haar auch ruhig mal mit einem Feinwaschmittel waschen.
Hier sind praktische Tips für preiswerte Alternativen.

Ammoniakgeist reinigt Backöfen

Statt Backofenreiniger in den noch warmen Backofen einen in Ammoniak getränkten Lappen legen und am nächsten Tag mit einem Tuch auswischen. So blitzt es wieder!
Reinhard Stelzer, Hamburg

Arzneikosten sparen

Wenn ich rezeptfreie Medikamente brauche, frage ich in der Apotheke nach einem Generikum (alternative Arznei) mit gleichen Wirkstoffen, aber wesentlich günstiger!
Ricarda Bongartz, Merzenich

Arztseife statt teurem Duschgel

Sie kostet nur 0,79 Mark, ist hautschonend, alkalifrei und auch bei Allergien geeignet.
Waltraud Lissner, Garching

Asche ersetzt Dünger

Holzkohlenasche enthält wertvolle Mineralien. Deshalb benutze ich die erkaltete Asche nach dem Grillen als Dünger für meine Gartenpflanzen.
Johannes Gautier, Westoverledingen

Hefe düngt Pflanzen

Übriggebliebene Hefe vom Backen gebe ich in mein Blumenwasser. Das läßt meine Pflanzen gedeihen und kostet mich nichts.
Margot Kubanek, Wilhelmshaven

Maulwurferde für Blumen

Für meine Zimmerpflanzen hole ich mir im Frühling frische Erde, am liebsten von Maulwurfshügeln, und topfe sie damit um. So spare ich den Kauf von Blumenerde und mache zugleich einen schönen Spaziergang.
Viola Rubarth, Filderstadt

Apfel als Blumendünger

Apfelstücke einfach auf die Erde von Zimmerpflanzen geben.
Rudolf Schocke, Dormagen

Zahnpasta putzt Silber

Schmuck, Pokale und anderes angelaufenes Silber reinige ich mit billiger Zahnpasta. Auf ein trockenes Tuch geben und Gegenstände polieren. Anschließend blank reiben, abwaschen, fertig! Spart Silberputzmittel.
Marlis Adler, Celle

Asche für Silber

Ein feuchtes Taschentuch mit Zigarettenasche bestreuen und damit Silber polieren. Glänzt genial und erspart den Reiniger.
Olaf Dudeck, Westerland

Kreide hilft

Mein Silberbesteck läuft längst nicht so schnell an, wenn ich ein Stück Kreide mit in die Schublade lege.
Gerda Ommen, Papenburg

Blumendünger selbst gemacht

Bäckerhefe eignet sich sehr gut als Blumendünger. Ab und zu mit ins Gießwasser geben, und die Pflanzen gedeihen wunderbar. Viel besser als Blumendünger!
Edith Schulz, Hemer

Babynahrung selber machen

Gemüse der Saison mit Wasser bedecken und mit ganz wenig Butter im Topf garen. Dann pürieren und in abgekochte Gläser füllen. Ist viel preiswerter, soll sogar gesünder sein als Fertignahrung.
Rosi Hauslader, Augsburg

Backofenspray statt Felgenreiniger

Meine stark verschmutzten Alufelgen am Auto reinige ich schonend und preiswert mit billigem Backofenspray. Hat man immer zur Hand und funktioniert glänzend.
Christa Möhl, Hamburg

Wildlederhandschuhe mit Teppichschaum reinigen

Am Ende des Winters sind meine Wildlederhandschuhe immer schmutzig. Statt sie in die Reinigung zu bringen, bearbeite ich sie mit Teppichschaum. Klappt prima.
Annelie Schlegemilch, Giengen

Beim Bäcker nach Plätzchenbruch fragen

Fragen Sie beim Bäcker ruhig nach Plätzchenbruch. Meist kann man sie für viel weniger Geld kaufen als die heilen Kekse. Und schmecken tun sie schließlich genausogut.
Daniel Jasinski, Lüdenscheid

Brennspiritus gegen Frost

Im Winter benutze ich Brennspiritus als Frostschutzmittel für meine Scheibenwaschanlage im Auto. Ich mische $\frac{1}{3}$ Spiritus mit $\frac{2}{3}$ Wasser und gebe immer einen Spritzer Spülmittel für den guten Duft dazu.

Britta Förster, Hamburg

Eine Zwiebel für klare Sicht

Bei nächtlichem Frost bleiben die Autoscheiben klar, wenn ich sie abends mit einer halbierten Zwiebel einreibe. So kann sich keine Eisschicht bilden. Spart Enteisungsspray und Zeit fürs Kratzen.

Michaela Mauerer, Heide

Bügelspray aus Stärke

Statt Geld für Bügelspray auszugeben, stelle ich es selber her. Einfach zwei Eßlöffel Wäschestärke in einem halben Liter Wasser auflösen und in eine Sprühflasche gießen. Vorm Bügeln gut schütteln und die Wäsche damit anfeuchten. Perfekt.

Annemarie Heppner, Dietzhölztal

Bügelstärke aus Kartoffelmehl

Zum Stärken von Tischdecken und Bettwäsche vermische ich einige Löffel Kartoffelmehl mit heißem Wasser und besprühe damit meine Wäsche.

Ilse Giffey, Lachendorf

Pullover wird schön weich

Anstatt in Weichspüler lege ich meine Wollpullis einige Minuten in fast kaltes Wasser mit einem kleinen Schuß Haarspülung. Anschließend sanft und gründlich ausspülen!

Katja Schmidt, Hannover

Buttermilch statt Faltencreme

Seit ich regelmäßig Buttermilch trinke, ist meine Haut wesentlich straffer und geschmeidiger geworden. Viel besser und vor allem günstiger als teure Faltencremes.

Siglinde Grobler, Sindelfingen

Zahnbürste fürs Make-up

Teure Schmink- und Augenbrauenbürsten kaufe ich nicht. Denn mit gleichem Effekt verwende ich Zahnbürsten.

R. Rausch, Frankfurt/Main

Babyöl statt teurer Kosmetik

Statt teurem Augen-Make-up-Entferner benutze ich nur Babyöl.

Anita Homberg, Bad Hersfeld

Reine Hefe für schöne Haut

Statt Hefetabletten gegen unreine Haut esse ich täglich ein Stückchen von einem Hefewürfel. So behalte ich eine reine Haut, und es kostet nur die Hälfte.

Kerstin Sörns, Baden-Baden

Olivenöl statt Nagelcreme

Damit meine Fingernägel nicht spröde und rissig werden, reibe ich sie jeden Abend mit Olivenöl ein. Hat den gleichen Effekt wie teure Nagelcremes aus der Parfümerie.
Margarete Mauer, München

Haarkur aus Rizinusöl

Sind die Haare an den Enden spröde und trocken geworden, massiert man vor dem Schlafengehen einfach etwas Rizinusöl in die Spitzen. Anschließend Haare in ein Handtuch hüllen und am nächsten Morgen gut ausspülen. So werden sie über Nacht wieder wunderbar weich und geschmeidig. Viel günstiger als die teure Haarkur.
Tina Schmidt, Dortmund

Kamille statt Aufheller

Statt teurem Blondiermittel spüle ich mein Haar mit Kamille aus der Apotheke. Die Blüten mit heißem Wasser übergießen. Etwas erkalten lassen und damit das Haar nach dem Waschen spülen. Hat den gleichen Effekt wie Aufheller aus der Drogerie.
Hans Hübner, Schwaltal

Mehl statt Trockenshampoo

Da ich sehr viel geschäftlich unterwegs bin, habe ich für Notfälle immer ein Trockenshampoo dabei. Nur, daß meins aus Mehl ist. Mehl in einen Streuer geben und ins Haar reiben. Dann ausbürsten.
Pia Meszaros, München

Lipgloss sparen

Statt dem teuren Lipgloss gebe ich einfach nach dem Schminken etwas Fettcreme auf meine Lippen. Glänzt genauso.
Herlinde Klopsch, Frankfurt

Lippenstift spart Rouge

Mit etwas Creme vermischt, wird ein roter Lippenstift zu tollem Wangenrouge.
Veronika Günther, Michelau

Cola gegen Rostflecke

Rostflecke auf Metalloberflächen mit Cola und Alufolie entfernen. Einfach etwas Cola auf den Fleck geben, einziehen lassen und mit Alufolie abreiben.
Melanie Lahme, Hamm

Gallseife statt Reinigungsmittel

Stumpf gewordene Armaturen und Waschbecken schäume ich mit flüssiger Gallseife ein. Nach fünf Minuten spüle ich alles ab und reibe es mit einem Küchentuch trocken. Gallseife ist viel günstiger und ergiebiger als teure Reinigungsmittel.
Julchen Hildenbeutel, Mackenheim

Reinigungspads fürs Rad

Handelsübliche Reinigungskissen aus feiner Stahlwolle eignen sich besten, um Rostflecken am Fahrrad zu beseitigen. Spezialmittel gespart.
Adelheid Grzeskowit, Peine

Cola spart Abflußmittel

Ist der Abfluß in Küche, Bad oder Toilette verstopft, gieße ich einfach Cola hinein. In wenigen Stunden frißt sich Cola durch den Schmutz. Außerdem umweltfreundlich.
Heidrun Lux, Willstädt

Daunenjacken selber waschen

Verschmutzte Daunenjacken wasche ich in der Waschmaschine und lege Tennisbälle mit hinein. Dadurch Klumpen die Daunen nicht zusammen. Reinigung gespart.
Maren Woehlert, Flintbek

Dosenmilch läßt Lackleder glänzen

Stumpf gewordene Lackschuhe bekommt man mit Dosenmilch wieder glänzend sauber. Einreiben, ein paar Minuten ziehen lassen und polieren. Lackpflegemittel gespart!
Kathy Salmanis, Köln

Preisgünstiger Minzessig

Meinen Minzessig stelle ich selber her: Pfefferminzblätter waschen, danach trocknen lassen. Die Blätter in eine Flasche geben und mit warmen Apfelessig übergießen. Sechs Wochen ruhen lassen und passieren. Schmeckt köstlich und ist preiswerter als Minzessig aus dem Geschäft.
Eva Beyer, Sohland a. R.

Frische Kräuter für den Winter

Solange es frische Kräuter wie Dill, Schnittlauch, Petersilie, Estragon oder Minze gibt, hacke ich sie und schütte sie in kleine Gefrierbeutel. So habe ich den ganzen Winter über preiswerte Küchenkräuter für Gemüse, Kartoffeln, Salate, Saucen und Suppen.
Eleonore Goldmann, Ahlhorn

Holunderbeersaft gegen Erkältung

Wild wachsende Holunderbeeren sammle ich im Spätsommer und koche Saft daraus. In jede 0,7-Liter-Flasche gebe ich der Haltbarkeit wegen einen Teelöffel Zucker und fülle die Flache dann mit dem heißen Saft auf. Ergibt ein gesundes, günstiges Erkältungsmittel.
Evi Blomberger, Bad Heilbrunn

Billige Rouladen

Rouladen werden preiswerter, wenn man sie selbst aus einem Bratenstück schneidet. Ist das Stück noch leicht gefroren, kann man es gut in dünne Scheiben schneiden.
A. Schäfer, Unna

Günstige Kräutertees

Ab März beginne ich, frische Kräuter zu sammeln: Blüten vom Huflattich, Gänseblümchen, zarte Brennesselspitzen, Breitwegerich, Löwenzahn. Ich wasche und trockne sie, fülle alles in ein großes Glas und mische meinen Kräutertee ab und zu.

O. Manthey, Halle

Fruchtjoghurt selber machen

Joghurt mit Fruchteinlage muß man nicht kaufen! Lieber preiswerten Naturjoghurt mit ein paar Teelöffeln selbst gemachter Marmelade vermischen. Schmeckt köstlich.

Joachim Kasimir, Schöneck

Kartoffelsuppe aus Püree

Reste von Kartoffelpüree mit etwas Bouillon vermischt, ergibt eine tolle Kartoffelsuppe.

Anja Martin, Falkenbach

Eiscreme günstig selbst machen

Ich mache mir mein Eis selbst: Eiweiß, zwei Teelöffel Zucker und etwas Vanillezucker steif schlagen. Das Eigelb unterrühren, eine Stunde ins Gefrierfach stellen. Schmeckt köstlich!

Christiane Högermann, Osnabrück

Crème fraîche günstig selbstgemacht

Ich stelle mir Crème fraîche selbst her:
Dazu gebe ich einen Eßlöffel Zitronensaft in 200 ml flüssige Sahne. Umrühren und etwa 20 Minuten stehen lassen. Fertig!

Hildegarth Töpfer, Lüneburg

Kamille für den Wintertee

Jetzt im Sommer sammle ich an Ackerrändern und Wiesen Kamillenpflanzen. Die Blüten zupfe ich zu Hause vorsichtig ab und trockne sie. So bekomme ich kostenlos einen guten Vorrat für Erkältungstees und zum Inhalieren.

Anton Walter, Karlsbad

Frischkäse selbst gemacht

Ich mache mir meinen Frischkäse selbst: 500 g Magermilchjoghurt durch ein feinmaschiges Sieb geben, abdecken und stehenlassen. Über Nacht wird aus dem Joghurt köstlicher Frischkäse. Er ist fettarm und nur halb so teuer wie gekaufter.

Susanne Hoft, Horschenbroich

Kräuteressig und -öl selbst gemacht

Frische Kräuter (Estragon, Majoran, Rosmarin, Lorbeer etc.) aus dem Garten oder Supermarkt in gereinigte, dunkle Flaschen füllen und mit Weinessig oder Sonnenblumenöl aufgießen. Drei Wochen kopfüber stehen lassen. Schmeckt wunderbar! So brauche ich keine teuren

Öle mehr zu kaufen – und habe immer einige nettes Mitbringsel.
Gerhard Wittau, Neuenhagen

Limonade selbst gemacht

Ich spare, indem ich Limonade selber mache. Wasser mit etwas Zitrone, Zucker und einem Löffel Natron verrühren. Ein schnelles, leckeres und vor allem günstiges Erfrischungsgetränk. Außerdem muß ich keine Flaschen schleppen.
Kornelia Jansen, Dettingen

Günstiges Walnußöl

Ich spare, indem ich teures Walnußöl selber mache. Einige Walnüsse ganz fein mahlen, in der Pfanne rösten und mit preiswertem Öl vermengen. Schmeckt genausogut.
Claudia Brinkmann, Herdecke

Puderzucker selbst gemacht

Ich spare mir den Kauf von Puderzucker, indem ich normalen Zucker einfach in der Kaffeemühle fein mahle.
Gerda Nerenz, Hamburg

Schoko-Zwieback selbst gemacht

Ich kaufe billigen Zwieback und bestreiche ihn mit flüssiger Schokolade aus dem Angebot. Schmeckt köstlich und ist ein Drittel günstiger als fertiger Schokoladen-Zwieback.
Käte Schocke, Dormagen

Soßenbinder selbst gemacht

Ich gebe Mehl in eine Pfanne (ohne Fett). Unter ständigem Rühren beim Erhitzen wird das Mehl dunkel. Wenn es erkaltet ist, bewahre ich es in einem leeren Marmeladenglas auf. Benötige ich Bindemittel für braune Soßen, habe ich immer welches zur Hand. Mit etwas Butter und Wasser anrühren.
Susanne Beier, Görlitz

Kurkuma statt Safran

Indische Gerichte oder spanische Paella färbe ich mit Kurkuma-Pulver. Es verleiht den Speisen eine schöne gelbe Farbe und ist wesentlich günstiger als Safran.
Annelie Schlegemilch, Münchweiler

Reibekuchen im Waffeleisen

Ich spare Fett und Kalorien, indem ich Reibekuchen in meinem beschichteten Waffeleisen backe. Sie schmecken super und sehen auch noch toll aus.
Marlies Reufel, Köln

Brotreste als Soßenbinder

Brotanschnitte oder -enden zermahle ich und dicke damit meine Soßen an. Sie werden genauso sämig wie mit Soßenbinder.
Heidi Schäfer, Guntersblum

Vanillezucker selbst gemacht

Ich mach' mir meinen Vanillezucker selbst: 500 Gramm Zucker in ein Schraubglas schütten und das Mark von zwei Vanilleschoten herauskratzen, dann die Schoten dazugeben. Schütteln und ein paar Tage warten. So hat man eine große Menge von aromatisch wohlschmeckendem Vanillezucker.

Jutta Hilger, Pforzheim

Immer frischen Lauch

Auf meiner Fensterbank steht immer ein Wasserschälchen mit Zwiebeln. Sie treiben Keime, und so habe ich ständig frischen Lauch zum Kochen und Würzen. Kostet nichts.

M. Leins, Donzdorf

Mehlschwitze statt Soßenbinder

Butter und etwas Mehl zusammen schmelzen lassen, geschmeidig rühren und in die Soße geben. Für dunkle Soßen das Mehl anbräunen. Spart Geld und schmeckt besser.

Sonja Beyer, Krumbach

Dessert selbst gemacht

Magerjoghurt mit Instant-Vanille-Puddingpulver, Zucker und löslichem Kaffee verrühren. Das ergibt ein sehr leckeres Dessert. Ich spare damit Geld und Kalorien!

Simone Wilhelm, Frankfurt/Main

Sellerieblätter als Gewürz

Sellerieblätter werfe ich nicht weg, sondern trockne sie. Kleingehackt ergeben sie ein wunderbares Würzmittel zum Verfeinern von Suppen und Salaten.

Gitta Gude, Greven

Frische Zimmerluft

In Zimmern, in denen geraucht wird, bleibt der kalte Qualm oft in Tapeten und Gardinen zurück. Ich lege abends ein in Essigwasser getränktes Tuch auf den Heizkörper, und der üble Geruch verschwindet über Nacht. Raumspray gespart.

Anja Gude, Pfaffenhofen

Orangen oder Zitronen statt Raumduft

Die ausgepreßten Hälften von Orangen und Zitronen eignen sich hervorragend für erfrischenden Duft in der Wohnung. So brauche ich keine Duftspender oder -sprays mehr zu kaufen.

S. Wiederstein, Remscheid – Lennep

Fruchtschalen statt Raumspray

Gesünder und preiswerter als Raumspray ist es, ein Schälchen mit Apfel-, Zitronen- und Apfelsinenschalen in den Raum zu stellen.

Janna Blunz, Passau

Duftendes Badezimmer

Parfümproben aus Illustrierten klebe ich hinter die Heizung in meinem Badezimmer. So duftet's drei Tage lang völlig kostenlos.
Hans Wünnerlein, Babenhausen

Günstiger Duft

Meine Wäsche im Trockner wird auch ohne Spezialtuch duftig frisch. Ich gebe einen mit etwas Weichspüler angefeuchteten Waschlappen zusammen mit der Wäsche in die Maschine. Ist genauso effektiv.
Stefanie Bartosch, Bad Doberan

Feuchttücher statt antistatisches Spray

Antistatisches Armaturenspray ist teuer. Ich spare Geld, indem ich anstelle dessen Feuchttücher aus der Dose verwende. Sie haben genau die gleiche Wirkung.
Daniel Müller, Hamburg

Geld beim Friseur gespart

Bevor ich zum Friseur gehe, wasche ich meine Haare selbst. Er braucht sie vorm Schneiden nur noch zu befeuchten, berechnet so nur den Trockenschnitt: 20 Mark weniger als mit Wäsche.
Sabine Riebe, Bad Driburg

Goldfilter spart Filtertüten

Ich benutze schon seit vier Jahren einen vergoldeten Dauerfilter (rund 30 Mark im Kaufhaus) für meine Kaffeemaschine. So spare ich viel Geld für die Filtertüten.
Heinz Gerstmann, Görlitz

Auslaufmodelle sind genauso gut

Beim Kauf von Küchengeräten nach Auslaufmodellen fragen. Sie sind technisch gut und im Preis niedriger.
Silvia Rechlmair, Dachau

Günstige Teelichter

Teelichter kaufe ich nur ohne Aluminiumschale. Die sind viel günstiger und außerdem noch umweltbewußt! Ich stecke das Wachs-Teelicht in Glasbehälter oder stelle sie auf Untertassen.
Thorsten Penz, Bremen

Goldrahmen glänzen wieder

Stumpf gewordene Goldrahmen reibe ich dünn mit einer Mischung aus Salz und Eiweiß ab. Anschließend poliere ich mit einem weichen Lappen nach. Wirkt bestens und spart den Spezialreiniger.
Karin Unglaube, Eilenberg

Günstiger Ceranfeld-Reiniger

Zum Reinigen meines Ceranfeldes vom Elektroherd verwende ich anstelle von teurem Spezialreiniger einfach ein paar Tropfen flüssigen Flek-

kenentferner. Es blitzt und glänzt wie neu!
Ursula Brönning, Reichenbusch

Babyöl zur Möbelreinigung
Zum Reinigen und Pflegen meiner Möbel nehme ich preisgünstiges Babyöl. Es ist genausogut wie ein Spezialmittel.
Heinz Grammel, Issum

Günstiges Scheuermittel
Badewannen und Waschbecken werden strahlend sauber, wenn sie mit feuchtem Salz abgerieben werden. Anschließend gut nachspülen.
Dagmar Breitbarth, Hagen

Günstiges Zahnweiß
Die neuen aufhellenden Zahnpasten sind sehr teuer. Ich putze meine Zähne zweimal in der Woche mit Zitronensaft. Macht die Zähne richtig weiß und kostet fast nichts.
Miriam Rehder, Kaltenkirchen

Salz als Zahnweiß
Zähne werden auch ohne teures Zahnweiß heller. Putzen Sie sie einmal im Monat zusätzlich mit etwas Salz.
Elena Karainis, Krefeld

Gummiband als Lesezeichen
Um die zuletzt gelesene Seite in einem Buch wiederzufinden, spanne ich ein einfaches Gummiband darum. Spart gekaufte Lesezeichen.
Sabrina Bauer, Mannheim

Haferflocken als Verzierung
Statt teurer Nüsse oder Mandeln zur Verzierung von Kuchen, Plätzchen oder Nachtisch nehme ich geröstete Haferflocken. Die sehen nicht nur hübsch aus, sondern schmecken köstlich, sind preiswerter und enthalten weniger Fett.
Anneliese Schlegemilch, Münchweiler

Haltbarkeitsdatum beachten
In vielen Supermärkten gibt es Extrafächer für Ware mit gerade abgelaufenem Haltbarkeitsdatum. Sie kann man ohne Risiko noch verzehren. Und ist nur halb so teuer.
Sonja Möller, Bartholomä

Fahrgemeinschaften bilden
Bilden Sie selbst Fahrgemeinschaften – egal, wohin es geht! So sparen Sie Benzingeld, und die Umwelt wird entlastet.
Sybille Reichert, Butterfeld

Wurst billiger
Wenn ich zum Fleischer geh', frage ich nach Wurstecken. Sie sind genauso gut wie frisch geschnittene Wurst. Dafür zahle ich nur knapp die Hälfte.
Renate Baumann, Regensburg

Kaffeemaschine ohne Kalk

Legt man ein Stück Marmor in den Wasserbehälter der Kaffeemaschine, lagert sich kein Kalk mehr ab. Man spart das „Antikalk-Mittel", die Maschine wird sanft geschont. Den Marmor gibt's im Baumarkt.
Gregor Bußhoff, Bocholt

Salz verhindert Kalk

In meine Waschmaschine gebe ich bei jedem Waschgang zum dosierten Waschpulver einen gestrichenen Eßlöffel einfaches Speisesalz. Das verhindert Kalkansätze und kostet mich fast nichts.
Marion Kirsten, Frankfurt/Main

Kaputte Lautsprecher günstig reparieren

Wenn der Lautsprecher brummt, gebe ich ihn nicht gleich zur teuren Reparatur. Ich untersuche erst das kegelförmige Papier (die Membran). Man sieht es, wenn man den Lautsprecher öffnet. Meistens hat sie einen kleinen Riß, der mit etwas farblosem Nagellack schnell ausgebessert ist. Kinderleicht und kostenfrei.
Kurt Hansen, Husum

Kartoffeln aufpeppen

Keine alten Kartoffeln wegschmeißen! Ich gebe dem Kochwasser etwas Milch bei. So werden sie schön hell und bekommen einen besonders guten Geschmack.
Nadine Speck, Berlin

Klebstoffroller selbst gemacht

Die Kugel von einem leeren Deoroller ganz vorsichtig entfernen. Dann die Flasche mit Tapetenkleister auffüllen und die Kugel wieder aufsetzen.
P. & W. Müller, Dresden

Schnelles Schneeschippen

Ich sprühe meinen Schneeschieber vor dem Schippen mit etwas Möbelpolitur ein. Dadurch bleibt der Schnee nicht kleben. Kauf von teurem teflonbeschichtetem Schieber erübrigt sich.
Mathilde Süß, Grünberg

Kleiderbügel fürs Grab

Aus einem Kleiderbügel von der Reinigung mach' ich drei Grabnadeln. Bei 10 Bügeln sind das dreißig Grabnadeln. Für diese 30 Stück müßte ich beim Gärtner 3–4,50 Mark bezahlen. Und die gekauften sind noch nicht einmal so haltbar!
Johannes Teichert, Berlin

Günstiger Vogelsand

Vogelsand (2 Mark pro Kilo) ersetze ich durch Quarzsand aus dem Baufachhandel. Da kosten 50 Kilo nur 12 Mark. Erfüllt den gleichen Zweck.
M. Stein, Brechen

Kratzige Pullover wieder weich

Anstatt in Weichspüler lege ich meine Wollpullies einige Minuten in lauwarmes Wasser mit Haarspülung. Sanft und gründlich auswaschen. Erspart teure Spezialbehandlung.
Katja Nessel, Uelzen

Lose Weintrauben günstiger

Statt ganzer Weintrauben kaufe ich nur lose. Die sind reif und süß, kosten nur die Hälfte.
Marga Brandt, Hamburg

Margarine spart Schuhcreme

Lederschuhe lassen sich mit Pflanzenmargarine hervorragend wieder auf Hochglanz bringen. So hat man ein farbneutrales Pflegemittel.
Rüdiger Brixius, Bonn

Melkfett fürs Leder

Mit etwas Melkfett wird Leder am besten gepflegt. Es glänzt, ist wasserdicht und länger haltbar. 250 ml kosten nur 5 Mark – günstiger als jedes Lederpflegemittel.
L. Losert-Dreiseitel, Limburg-Linter

Reinigung von Pflanzen

Blattpflanzen, Gummibäume und Zierpflanzen in der Wohnung reinige ich behutsam mit einem nassen Schwamm, auf den ich vorher etwas Milch geträufelt habe. Das Blattwerk erhält dadurch – ohne Spraybenutzung – einen natürlichen Glanz.
Anni Brinkmann, Bad Lauterberg

Milch läßt Pflanzen glänzen

Statt mit Glanzsprays pflege ich meine Pflanzen mit abgekochter Milch. Auf einen Schwamm etwas Milch geben und Blätter damit abreiben. Zaubert wunderbaren Glanz.
S. Möller, Fürth

Möbel mit Rabatt

Gehen Sie zu Möbelmessen oder -ausstellungen nur am letzten Tag. Fragen Sie, ob man Ihnen die gewünschten Sachen günstiger verkauft. Die meisten gehen darauf ein und geben bis zu 50 Prozent Rabatt!
Sabine Seiffert, Kaiserslautern

Mottenschutzhüllen statt Kleidersäcke

Bei Autoreisen verwende ich statt der teuren Kleidersäcke Mottenschutzhüllen. Gibt es preiswert mit Reißverschluß in Dunkelblau.
Erika Erdelmeier, Bad Homburg

Handy in Brillenetui

Als Handy-Tasche benutze ich ein weiches Brillenetui, das ich kostenlos beim Optiker bekommen habe. Das schützt mein Mobiltelefon genausogut wie eine gekaufte Tasche.
R. Rösler, Hamburg

Orangenschalen reinigen Leder

Taschen aus Rindleder lassen sich besonders leicht und gut reinigen, wenn man sie mit der weißen Innenseite einer Orangenschale abreibt.
Priska Reichert, Friolzheim

Panierer günstig

Wenn ich Schnitzel oder Koteletts paniere, nehme ich statt Eiern nur Dosenmilch und Semmelbrösel aus alten Brötchen. Das schmeckt mir genauso gut.
Elfriede Blöcker, Hamburg

Preiswert panieren

Früher habe ich immer die Hälfte meiner Panade weggeworfen. Seit ich mein Schnitzel durch ein kleines Teesieb mit Mehl und Panade bestreue, spare ich Geld und habe so gut wie keinen „Kleister" mehr auf dem Teller.
Eva Wagner, Reichshof

Papiertischdecke als Geschenkpapier

Papiertischdecken von der Rolle benutze ich auch zum Einpacken von Geschenken. Ist um die Hälfte günstiger als Geschenkpapier-Rollen und viel mehr drauf.
Margrit Bölk, Niebüll

Perlonstrumpf entfernt Tierhaare

Lästige Hunde- und Katzenhaare auf Polstermöbeln entferne ich mit einem feuchten zusammengerollten Perlonstrumpf. Erübrigt Kauf von Spezialbürste.
A. Fingas, Volkstedt

Regenwasser fürs Bügeleisen

Für mein Dampfbügeleisen kaufe ich kein teures destilliertes Wasser, sondern fange Regenwasser auf. Durch eine Filtertüte fülle ich es ein.
Christel Glander, Hamburg

Satellit statt Kabel

Ich habe mir eine Fernseh-Satellitenanlage installieren lassen und spare trotz der Kosten immer noch mehr, als wenn ich meinen Kabelanschluß behalten hätte.
Klaus Höger, Ebersbach

Schnäppchen vom Flohmarkt

Spiele und Kinderkleidung findet man dort besonders günstig.
A. Czapiewski, Neu Wulmsdorf

Schuhcreme statt Möbelpolitur

Massive Eichenmöbel lassen sich, je nach Farbe des Materials, gut mit Schuhcreme behandeln. Dünn auftragen und später blank reiben.
Hedwig Möltgen, Bonndorf

Schuhe blank mit Zeitungen

Schwarze Schuhe bekommt man wieder blank, wenn man sie nur mit Zeitungspapier poliert.
Artur Keßeler, Heilbronn

Schuhe mit Rum weiten

Neue Schuhe, die an bestimmten Stellen drücken, reibe ich an den Problemstellen innen mit einem in Rum getränkten Tuch ein. Danach die Schuhe sofort anziehen und einige Zeit tragen. Sie passen sich dem Fuß an. Geld für's Weiten beim Schuster gespart.
Maria Almer, Kaiserslautern

Schulterpolster als Schuhspanner

Gute Schuhspanner sind leider sehr teuer. Ich spare, indem ich meine Schuhe statt dessen mit alten Schulterpolstern ausstopfe.
Edeltraud Soldanski, Trostberg

Schuster gespart

Abgelaufene Schuhe oder auch Unebenheiten in der Sohle flicke ich selber mit Reparaturpaste für Schuhe. Mit einer Tube für rund 10 Mark kann man mehrere Schuhe wieder herrichten und spart somit Geld für den Schuster.
Albert Claas, Porta Westfalica

Secondhand-Schulbücher

Ich kaufe für unsere Kinder nur noch auf Schulbücher-Börsen und verkaufe da die Bücher, die sie nicht mehr brauchen.
Karin Becker, Rockenhausen

Shampoo für Fliesen

Badezimmerfliesen werden wieder glänzend, wenn man sie ab und zu mit Shampoo bearbeitet. Besser und günstiger als Spezialreiniger.
Alisia Gude, Greven

Spachtelmasse sparen

Wasser wird mit Mehl zu einem dikken Brei verrührt. Mit diesem Mehlkleister stopfe ich kleine Löcher in den Wänden zu.
Helga Kemper, Münster

Spezial-Lederreinigung sparen

Schimmelflecke auf Leder entferne ich mit einer Mischung aus Wasser und einem Schuß Spiritus. Damit abreiben und anschließend einfetten.
Marga Herzig, Goldbach

Spülmittel als Tapetenlöser

Etwas Geschirrspülmittel in warmes Wasser geben. Die Tapete damit einstreichen und einwirken lassen. Tapete läßt sich jetzt leicht ablösen.
Hildegard Knechtel, Erding

Staubsaugerbeutel aus Stoff

Beutel für den Staubsauger nähe ich selbst. Aus festem Stoff – mit einem Reißverschluß versehen – erfüllen sie nicht nur ihren Zweck, ich kann sie sogar nach dem Entleeren waschen und wiederverwenden.
Hatke Tunali, Düsseldorf

Stoßstange wieder wie neu

Ich reibe die Stoßstangen aus schwarzem Kunststoff mit billiger schwarzer Schuhcreme ein. Alle Kratzer verschwinden.
Margret Pohlner, Rinteln

Styropor in Blumenkübel

Kübel und Kästen für Blumen fülle ich bis zur Hälfte mit Styropor. So spare ich teure Blumenerde. Außerdem: Die Pflanzen bekommen keine nassen „Füße", und die Kübel sind leichter zu transportieren.
Waltraud Gabler, Leipzig

Salz statt Fensterreiniger

Statt teure Fensterputzmittel zu kaufen, gebe ich zwei Eßlöffel Salz in mein warmes Putzwasser. Mit diesem Wasser werden meine Fenster genauso sauber und streifenfrei wie mit einem Spezialreiniger.
Wanja Herzog, Münster

Taschentücher statt Brillenputztücher

Ich befeuchte Taschentücher mit Glasreiniger und lege sie in eine Mini-Gefrierdose. So bleiben sie feucht. Die kleine Dose paßt in jede Tasche oder ins Handschuhfach!
Miriam Rehder, Kaltenkirchen

Teebaumöl gegen Schuppen

Geben Sie zu Ihrem normalen Haarshampoo 10 Tropfen Teebaumöl. Ihre Schuppen werden nach 4 bis 5 Haarwäschen verschwinden. Spart teure Antischuppenmittel, Spülungen und Kurpackungen.
Gerlinde Rus, Waldkraiburg

Teekräuter selber sammeln

Ich spare Geld für Teekräuter, indem ich im Sommer Brennesseln oder Hagebutten selber sammle. Trocknen und im Winter zu einem gesunden Tee aufbrühen. Auf dem Land geht das ja!
Ruth Salgert, Bonn

Turnverein statt Fitneß-Club

Verein kostet etwa 20 Mark, Club rund 90 Mark.
Anette Mundhenk, Bokel

Umzugskartons vom Supermarkt

Anstatt Umzugskartons zu kaufen oder bei einer Firma zu leihen, hole ich mir große Pappkartons aus dem Supermarkt. Sie eignen sich genauso gut, und kosten nichts.
Wolfgang Weisel, Offenbach

Wäsche imprägnieren

Ich lasse meine Wäsche nicht in der Reinigung imprägnieren, sondern mache es selbst: Mit einer Tasse essigsaurer Tonerde im letzten Spülwasser kann man Kleidungsstücke schnell und preiswert imprägnieren.
Christel Arnold, Wald-Michelbach

Wäscheklammer-Trick

Wenn eine Wäscheklammer kaputtgeht, bewahre ich den heilen Teil auf. Beim nächsten „Klammermalheur" nehme ich die beiden Hälften und stecke sie zusammen.

Inge Zillich, Rossau

Waschpaste selbst gemacht

Ich mache meine Handwaschpaste für grobe Verschmutzungen selbst. Salz mit Spülmittel mischen und in einen leeren Behälter füllen. Selbst hartnäckiger Schmutz, wie Blumenerde oder Motoröl, läßt sich damit leicht entfernen.

Gertrud Schmitt, Kreidach

Schmierseife für jeden Zweck

Mit der guten alten Schmierseife (1 Eßlöffel auf drei Liter) kriege ich alles sauber: Fußböden, Fensterbänke, verschmutztes Geschirr.

Erika Fiebig, Bamberg

Wollpullis mit Shampoo waschen

Wird genauso weich und duftet toll. So spare ich das Wollwaschmittel.

Friedel te Pas, Rees

Seifenschaum zum Rasieren

Keinen teuren Seifenschaum nehmen, sondern aus normaler Seife selbst machen. Klappt vorzüglich!

Siegfried Mühlender, Metten

Zahnpasta als Spachtelmasse

Ich brauche keine Spachtelmasse, sondern bessere kleine Risse und Löcher in meiner weißen Wand mit etwas Zahnpasta aus. Sieht wieder tadellos aus!

Sven Hansen, Düsseldorf

Zeitung statt Geschenkpapier

Das Geld für Geschenkpapier spare ich, indem ich Geschenke in Zeitungen oder Zeitschriften einpacke. Kostet nichts und ist originell.

Liane Mika, Hamburg

Zeitungspapier statt Müllbeutel

Ich lege meine Mülleimer mit Zeitungspapier aus. Das spart nicht nur die Müllbeutel, sondern schont auch die Umwelt.

Ines Döring, Hohenberg

Zeitungspapier zum Fensterputzen

Fenster und Spiegel putze ich nur mit Zeitungspapier. Spare somit teure Putzmittel – und schone die Umwelt.

Irmgard Mann, Mannheim

Zuckerwasser statt Stärke

Mit Zuckerwasser stärke ich Kragen und Schürzen. Einfach die Wäsche beim Bügeln damit besprühen.

Kathleen Wielandt, Neubrandenburg

Praktisch und kreativ

Eigentlich steckt doch in jedem von uns ein kleiner Künstler. Nur trauen wir uns oft nicht oder haben noch nicht die richtig zündende Idee. Nachstehend finden Sie einige! Egal, ob wir mit ganz wenig Aufwand wunderschöne festliche Oster- oder Adventsgestecke kreieren, ein Geschenk individuell verpacken möchten oder aus Vorhandenem nützliches Dekoratives gestalten. Darum sollte es in jedem Haushalt eine Schublade, Box oder ein Schrankfach geben, worin weiter Verwertbares gesammelt wird. Zum Beispiel: normale Blumentöpfe zum Bemalen. Wenn darin eine kleine Primel steckt, ist das ein entzückendes Geschenk! Nicht verzagen, wenn's nicht auf Anhieb klappt! Das alte Sprichwort „Übung macht den Meister" gilt besonders für diesen kreativen Bereich.

Obstnetze zur Topfreinigung

Obstnetze benutze ich zum Schrubben von verkrusteten Pfannen und Töpfen. Teure Schwämme völlig unnötig.

Rolf Schocke, Dormagen

Alter, neuer Feger

Über meinen Schrubber ziehe ich eine alte Socke von meinem Mann. Jedes Staubkorn wird damit erwischt.

Margitta Bernau, Freest

Bohnensud gegen Filz

Gegen verfilzte Wollsachen hilft ein Sud aus weißen Bohnen. Das Kleidungsstück erst ganz normal in der Feinwäsche waschen. Anschließend in den Sud tauchen. Gut ausspülen. So wird der Pullover wieder weich.

Gertrud Hissler-Wustweiler, Illingen

Bastelfolie aus Kaffeeverpackungen

Aus leeren Kaffee-Vakuumverpackungen (Gold und Silber) bastele ich Sterne, Engel oder Geschenkdekorationen.

Andrea Benzing, Alzenau

Pfiffiger Spaghetti-Behälter

Als Single brauche ich ein Paket Spaghetti nie ganz auf. Zum Aufbewahren eignet sich wunderbar eine gut ausgewaschene Chipsletten-Dose, die ich mit Geschenkpapier beklebe.

Sabrina Steffen, Reinfeld

Blumenvasen selbst gemacht

Leere Einmach- oder Gurkengläser beklebe ich mit Tapetenresten. Und schon habe ich neue, pfiffige Blumenvasen.

Katja Glaab, Alzenau

Pfiffige Gewürzbehälter

Leere Kaffeesahneflaschen werfe ich nicht weg, sondern verwende sie zum Aufbewahren von Kräutern und Gewürzen. Dazu beklebe ich sie mit schönen Etiketten.
Ursula Bibrack, Bammental

Billige Förmchen für Dessert

Ich spare, indem ich Deckel von Sprühsahne sammle. So habe ich wunderschöne und kostenlose Förmchen für Pudding und Desserts.
A. Herrmann, Ingolstadt

Enteisungsspray sparen

Mit einem Trick verhindere ich das Einfrieren meiner Autoschlösser: Ich befestige abends ein Stück Klebeband auf dem Schloß. So brauche ich nie Enteisungsspray zu kaufen.
Walter Mayer, Wien

Eisstiele fürs Blumenbeet

Die Holzstäbe vom Eis am Stiel sammle ich und beschrifte sie mit einem Filzstift. Wenn ich Kräuter im Garten aussähe oder neue Blumen pflanze, benutze ich sie als Namensschild. So brauche ich im Gartencenter keine mehr zu kaufen.
Iris Troger, Reichenbach

Kochbuch aus Kopien

Öffentliche Bücherhallen haben hervorragende Kochbücher. Daraus fotokopiere ich mir Rezepte oder schreibe sie ab. Die hefte ich in einem Ringbuch ab. So mache ich mir preiswerte und individuelle Kochbücher.
Reinhold Fischer, Neu-Ulm.

Billiger als Bücher

Ich spare den Kauf von teuren Ratgeber-Büchern, indem ich interessante Vorschläge und Anregungen aus verschiedenen Zeitungen ausschneide und sammle. Ich klebe sie in ein kleines Ringbuch und habe so ein günstiges Ratgeberheft selber gemacht, das ich immer aktualisiere.
Helga Schopfer, Gerlingen

Karten aus altem Kalender

Ich bastle jedes Jahr aus meinem alten Kalender Karten. In richtiger Größe ausschneiden, falten, fertig! Immer persönlich und originell.
Josefine Rennhak,
Wenzenbach

Blumensamen selber machen

Statt teure Pflanzen beim Gärtner zu kaufen, trockne ich im Herbst die Köpfe von Sonnenblumen. Ich sortiere sie nach Sorten und Farben und pflanze das Saatgut im Frühjahr in meinen Garten. Klappt auch mit ausgereiften Bohnen und Wicken.
Ursula Hempel, Chemnitz

Absätze haltbar machen

Damit die Absätze meiner guten Pumps nicht so schnell verkratzen, bepinsele ich sie von Zeit zu Zeit mit farblosem Nagellack.
Gudrun Bürger, Fürthen

Bohren ohne Ärger

Damit ich mit der Bohrmaschine auf Kacheln in Bad und Küche nicht abrutsche, klebe ich auf die vorgesehene Bohrstelle ein Stück Krepp-Klebeband. Das verhindert Kachelschäden.
Sven Friedl, Wettenberg

Kissen aus Baumwoll-Tragetaschen

Praktische Kissen für Garten oder Küchenmöbel kann man leicht selber machen: Einfach schlichte Baumwoll-Tragetaschen mit Schaumstoff füllen, zunähen, die Henkel durchschneiden und mit einem Druckknopf versehen. Je nach Geschmack die Kissen vorher mit etwas Textilfarbe aufpeppen.
Gabriele Pörner, Piding

Stoffreste weiter nutzen

Aus Stoffresten, alten, mürbe gewordenen Kleidern, Hemden oder Blusen schneide ich mit einer Zackenschere zwei Zentimeter breite Streifen. Das ergibt schöne Geschenkbänder, die nichts kosten.
Lydia Holewa, Niederwiesa

Bluejeans wieder blau

Neue Blue Jeans wasche ich beim erstenmal mit meinen alten, ausgefärbten Jeans zusammen. Die Farbe, die bei der neuen ausläuft, färbt die alte Jeans ein, so daß sie wieder richtig blau wird und frisch aussieht.
H. Seifert, Ingolstadt

Bettvorleger aus Teppichresten

Aus billigen Teppichresten mache ich witzige Bettvorleger für das Kinder- und Badezimmer. Tier- oder Naturmotive auf Pappe malen, auf den Teppich legen und mit einem Teppichschneider ausschneiden.
Annelie Schlegemilch, Münchweiler

Lätzchen aus Stoffresten

Aus verschiedenen bunten Stoffresten nähe ich phantasievolle Lätzchen für meine Kinder. Sie kosten mich nichts und sehen hübsch aus.
Gisela Ohmrich, Oldenburg

Schuhbeutel selbst gemacht

Alte Hosen werfe ich nicht weg. Ich schneide die Beine ab und nähe daraus Schuhbeutel für die Reise. Die sind umsonst, und der Koffer bleibt sauber.
W. Hennings, Magdeburg

Strickkrawatten für Holzbügel

Ausgediente Strickkrawatten werfe ich nicht weg, sondern beziehe da-

mit unansehnlich gewordene Holzkleiderbügel.
Tobias Heppner, Ewersbach

Hosen vor Fahrradschmiere retten

In meine Hosenbeine haben ich von innen Druckknöpfe angenäht. So kann ich sie vor der Fahrradtour enger machen. Sie geraten nicht in die Kette, bleiben von Schmierflecken verschont. Reinigung gespart.
Elfriede Müller, Elmshorn

CDs als Glasuntersetzer

Alte CDs, die nicht mehr abspielbar sind, beklebe ich einfach mit etwas Filz. Die flotten Untersetzer schonen Tischoberflächen und kommen prima an.
Andreas Swete, Neumünster

Eierschneider selbst neu bespannen

Mit einer Angelschnur aus dem Fachgeschäft bespanne ich meine Eierschneider neu. Schneidet besser als vorher und kostet nur etwa 10 Pfennig!
Aggi Segnitz, Alpen-Veen

Eiswürfel in Herzform

Man gibt einfach in alte Pralinen-Herzen-Verpackungen Wasser hinein und legt sie ins Eisfach. Bunte Herzen gibt es, wenn man statt Wasser Fruchtsäfte benutzt.
Alla Fröhlich, Hannover

Hagebuttentee spart Speisefarbe

Hagebuttentee kann man sehr gut zum Färben von Zuckerguß verwenden. Er ist geschmacksneutral, und man spart die künstliche Speisefarbe.
Annemarie Kriegs, Wiedentisch

Länger Freude an Rosen

Rosen lassen in der Vase schnell die Köpfe hängen, obwohl sie noch nicht verblüht sind. Dann schneide ich sie ab und lege sie in eine Glasschale mit Wasser. So halten sie noch ca. 10 Tage, und ich hab' länger Freude an meinem Strauß.
Herma Kröpl, Bremen

Immer frische Blumen

Ich investiere einmal in einen üppigen Basisstrauß aus viel Grün (z. B. Efeu, Koniferen) für etwa 10 Mark. Dieses Grün hält rund 5 Wochen. Nach Geschmack füge ich alle zwei Wochen ein- bis zweimal eine Blüte dazu. So habe ich günstig immer einen schönen Blumenstrauß.
Mario Trinkhaus, Nehlitz

Kerzen ins Eisfach

Kerzen brennen langsamer ab, wenn sie vor dem ersten Anzünden einige Stunden im Gefrierfach gelegen haben.
Ingrid Brattke, Raguhn

Kerzen schonen

Bei großen, dicken Kerzen lasse ich nur ein kleines, rundes Stück abbrennen. In das setze ich dann nur ein Teelicht. So bleiben die teuren Kerzen viel länger erhalten.
Stefanie Heinzinger, Königshofen

Silberleuchter im Backofen

Silberleuchter, die total verwachst sind, in Backpapier einwickeln und bei 180 Grad kurz in den Ofen legen. Das Wachs schmilzt und läuft aufs Backpapier.
Gertrud Seifert, Hamburg

Kerzenhalter selber machen

Ich schlage einen Nagel in ein bemaltes Stück Holz, drehe es dann um und stecke eine Kerze darauf. Ist individuell und kostet fast nichts. Ein tolles Geschenk!
Ingeborg Dunge, Hamburg

Tontöpfe selber machen

Alte Übertöpfe sehen wieder wunderschön aus, wenn sie mit etwas Wandfarbe (Reste) angemalt werden. Mit Phantasie hat man dann garantiert originelle und einzigartige Töpfe für Zimmer- oder Gartenpflanzen. Auch als Geschenk wunderbar.
Dagmar Schlegel, Essen

Kinderpflaster selbst gemacht

Anstatt der teuren bunten Kinderpflaster kaufe ich billiges Heftpflaster, schneide es in Streifen und bedrucke diese mit lustigen Kinderstempeln. Darüber freuen sich die Kinder genauso.
Michaela Weinmann, Hauroth

Knetmasse selbst gemacht

2 Tassen Mehl, 2 Tassen Salz, 2 Teelöffel Alaunsalz mischen. Danach 2 Tassen Wasser, 2 Eßlöffel Öl und Lebensmittelfarbe aufkochen und über Mehl und Salz geben. Schließlich alles kneten.
Renate Forster, Schnaittenbach

Eigene Märchenkassetten

Hörspielkassetten für meine Enkel mache ich selbst. Dazu leihe ich mir in der Stadtbücherei Märchenbücher und Kindergeschichten. Die lese ich laut und nehme sie auf Leerkassetten auf. Zum Schluß die Kassettenhülle mit einem hübschen Bild bekleben.
Hanna Buxot, Lippstadt

Fingerfarbe selbst gemacht

Kinder lieben Fingermalfarbe. Doch die ist sehr teuer. Hier ein günstiges Rezept zum Selbermachen: 1 Tasse Mehl, 1 Tasse Wasser und etwas Lebensmittelfarbe in dem gewünschten Ton.
Ilka Rohlwing, Henstedt-Ulzburg

Flecken austricksen

Gehen die Flecken aus Kinderkleidung nicht mehr heraus, kaufe ich einen Textilfarbstift und mache aus dem Fleck ein witziges Motiv. So kann die Kleidung weitergetragen werden.

Jutta Ganske, Damme

Billiger Kinderhocker

Aus leeren Waschpulvertonnen mache ich Kinderhocker: Einfach mit bunter Folie oder Tapetenresten bekleben und umdrehen, Kinder lieben individuelle Sachen.

Annemarie Heppner, Dietzlhölztal

Konfekt selber machen

Ich stelle Konfekt selber her: Einfach Blockschokolade in einem Topf im Wasserbad langsam schmelzen lassen. Je nach Geschmack Mandelsplitter, Kokosraspeln oder kandierte Früchte unter die Masse rühren. Kleine Häufchen auf Pergamentpapier setzen und erkalten lassen.

Edda Heimann, Karlsbad/Spielberg

Pralinen aus Schokoladenresten

Aus Schokoladenresten (z. B. Osterhasen, Weihnachtsmännern) mache ich immer Konfekt: In lauwarmem Wasserbad mit etwas Kokosfett schmelzen lassen. Dann Cornflakes oder Mandelstifte einrühren. Die Masse löffelweise auf Pergamentpapier oder Alufolie klecksen und fest werden lassen. Schmeckt köstlich. Ist auch ein tolles Mitbringsel.

Monika Schulze, Grosskrotzenburg

Gußform für Pralinen

Wenn ich Pralinen geschenkt bekomme, hebe ich immer die Kunststoffeinlagen auf. Ich benutze sie dann als Gußform für Schokoladenreste. Die Schokolade schmelzen, mit Nüssen oder Haferflocken verzieren – schon habe ich neue Pralinen.

Viola Rubarth, Filderstadt

Leere Filmdosen als Nähbehälter

Leere Filmdosen eignen sich sehr gut als Behälter für Knöpfe, Nadeln, Sicherheitsnadeln etc. Kostet nichts, ist ideal für die Reise!

Roswitha Berners, Paderborn

Milch kocht nicht über

Damit mir die Milch nicht überkocht, bestreiche ich den Topfrand mit etwas Butter. Wirkt prima. Erspart Reiniger und neue Milch.

Sieglinde Streibach, Köln

Originelle Bücherstützen

Bücherstützen kosten oft viel Geld. Ich mach' sie lieber selber aus Ziegelsteinen! Bemale sie mit Farbe oder bespanne sie mit Stoff, farblich zur Einrichtung passend. Auch als schö-

nes Geschenk geeignet. Echt originell.
Anja Nickol, Kringelsdorf

Kronkorken als Eierständer
Eine witzige Idee für Ostern: Bemalte oder beklebte Eier stelle ich zur Dekoration auf Kronkorken. Kostet mich keinen Pfennig und sieht originell aus.
Heinz Richter, Hamburg

Osterdekoration selbst gemacht
Aufgepustete Luftballons mit Tapetenkleister einschmieren, dann mit Zeitungspapier bekleben. Trocknen lassen und kunterbunt bemalen. Kostet fast nichts!
Nicole Fransen, Hamburg

Adventsgesteck selbst gemacht
Ich sammle Tannenzapfen im Wald, trockne Zitronen- und Orangenscheiben, bewahre Nußschalen und Schleifen auf und kaufe zur Adventszeit Tannenzweige und Kerzen. Jede „Zutat" umwickle ich mit Draht, dessen Ende ich in Knetmasse stecke. Zum Schluß Knetmasse mit Alufolie dekorieren. Ist originell und preiswert.
Adele Reinicke, Hamburg

Eier färben mit Zwiebeln
Ich koche meine Ostereier in einem Topf voll Zwiebelschalen. So werden sie leuchtend gelb bis dunkelbraun. Es kommt darauf an, wie lange sie im Sudbad bleiben.
Magdalena Friedmacher, München

Papier-Rosetten als Deko
Papier-Rosetten aus dänischen Keksdosen bewahre ich auf und drapiere darin mein eigenes Kleingebäck. Ist dekorativ und spart Papierförmchen.
Ute Grundy, Heidelberg

Schuhdeodorant selber machen
Ich fülle zwei kleine Beutelchen mit Natron und lege sie abends in meine Schuhe. Am nächsten Morgen ist der Fußgeruch völlig verschwunden.
Karin Tauber, Halle

Billiger Nagelglanz
Ich spare mir den Kauf von teurem, farblosem Nagellack, indem ich meine Fingernägel einfach mit einer weißen Kerze bestreiche und mit einem Tuch nachpoliere. So erhalten die Nägel einen schönen, natürlichen Glanz.
Christa Uhlmann, Lichtentanne

Serviettenringe selber machen
Haushalts- oder Toilettenpapierrollen zerschneide ich zu Ringen, umwickele sie mit buntem Bast. So spare ich das Geld für Serviettenringe. Auch schön als Geschenk.
Ruth Riese, Wolfsburg

So rutschen Blusen nicht

Damit Blusen oder Strickwaren nicht auf Kleiderbügeln verrutschen, trenne ich Schulterposter aus alten Kleidungsstücken heraus und nähe sie an den Enden von Plastikkleiderbügeln fest. So gibt's keine häßlichen Ausbeulungen.
Heidi Sachs, Fulda

Schnürsenkel als Kleideraufhänger

Keine alten Schnürsenkel wegwerfen. Die drehe ich zu einer Kordel und nähe stabile Aufhänger für Mäntel, Jacken, Sakkos daraus. Funktioniert prima!
Johann Kraus, Oberottmarshausen

Tapete als Umschlagpapier

Statt mit teurem Umschlagpapier werden meine Bücher mit Tapetenresten eingeschlagen. Sieht witzig aus.
Irmgard Hasselbrink, Bottrop

Einladung auf Blättern

Schöne Baumblätter (zum Beispiel Ahorn, Linde, Eiche) trockne ich und beklebe sie mit durchsichtiger Folie. So lassen sie sich beschriften und ergeben originelle Einladungskarten.
Anneke Sonne, Leverkusen

Tapetenbordüren selbst gemacht

Bordüren für die Wände kosten viel Geld. Ich kaufe mir statt dessen eine Schablone für rund 20 Mark im Bastelladen und male mir die Bordüren selbst an die Wand.
Martina Cigar, Bremen

Tapetenreste als Schrankpapier

Reste von abwaschbaren Tapeten nicht wegwerfen! Sie eignen sich wunderbar als Schrankpapier.
Nadine Teschner, Berlin

Spartips mit Pfiff

Geld sparen im Haushalt heißt nicht nur, weniger ausgeben, sondern auch, mehr dafür bekommen. Und das, was man gekauft hat, länger haltbar zu machen. Egal, ob es unsere schönen Schnittblumen sind, die oft schon nach ein paar Tagen die Köpfe hängen lassen. Unseren Brot-Aufschnitt oder Obst. Manchmal passiert ja auch ein Malheur, das wir pfiffig beheben können. Zum Beispiel, wenn unser Lippenstift abgebrochen oder unsere Suppe versalzen ist.

Zwiebelkeimen vermeiden

Zwiebeln günstig im 5-Kilo-Pack kaufen. Sie keimen nicht, wenn man ein trockenes Brötchen mit in den Kasten legt. So halten sie viel länger.
H. Strauss, Gustavsberg

Pellkartoffel-Trick

Um Pellkartoffeln leicht aus der Schale zu lösen, tue ich ins Kochwasser etwas Speiseöl. So habe ich beim Pellen überhaupt keinen Abfall. Spart auch auf Dauer Geld.
Elke Swieter, Norden

Käse hält länger

Schnittkäse wird meist in einer Frischhaltedose aufbewahrt. Doch darin fängt er an zu schwitzen, schmeckt nicht mehr und landet im Müll. Ich lege zwei rohe Nudeln mit in die Dose, sie nehmen die Schwitzflüssigkeit auf.
Hans-Joachim Thedens, Frankfurt

Käse wieder frisch

Käse, der zu lange gelagert hat, zu fest oder zu trocken geworden ist, tauche ich kurz in Milch. Er wird wieder weich und schmackhaft.
Johann Karg, Königsbrunn

Petersilie in den Kühlschrank

Frische Petersilie wird im Wasser schnell gelb. In einem Plastikbeutel mit ein paar Spritzern Wasser hält sie sich im Kühlschrank 8–10 Tage.
Anni Repenning, Ueckermünde

Silberzwiebeln selbst gemacht

Silberzwiebeln stelle ich mir günstig selber her, indem ich kleine Zwiebeln schäle und sie in übriggebliebene Gewürzgurkenmarinade einlege.
Roswitha Auls, München

Sojasoße selbst gemacht

Ich koche gern auf chinesische Art. Da ich wenig Geld habe, mixe ich mir meine eigene Sojasoße: 1/4 L lauwarmes Wasser, 2 TL Maggiwürze, 2 TL Zucker, 4 Tropfen Zuckercouleur, etwas Zitronensaft und Salz.
W. Thielen, Uhingen

Zwiebeln richtig lagern

Damit meine Zwiebeln im Sommer nicht vorschnell keimen, bewahre ich sie nur noch an dunklen, kühlen Plätzen auf. Aber niemals luftdicht lagern! So kann ich meine Zwiebelsäcke bis zum Ende aufbrauchen, ohne daß die Zwiebeln keimen oder verfaulen.
Anton Walter, Karlsbad

Apfel hält Kuchen frisch

Kuchen und Kekse bleiben länger frisch, wenn man sie in einer Blechdose zusammen mit einem Apfel aufbewahrt.
Gitta Lügeviel, Dresden

Brot hält länger

In unseren Brotbehälter habe ich einen Rost gelegt. Dadurch kann die Luft zirkulieren, das Brot bleibt länger frisch und schmackhaft.
Erika Wetzel, Absteinach

Brot haltbarer durch Kartoffeln

Ich lege immer einige rohe Kartoffeln mit in den Brotkasten. So bleibt das Brot länger haltbar.
Simone Loewe, Demmin

Brot in den Kühlschrank legen

Verpacktes Brot hält sich im Eisschrank doppelt so lange.
Siegfried Braun, Benningen

Mehr Saft aus Orangen

Vor dem Auspressen knete ich Orangen und Zitronen 10- bis 15mal durch. So geben sie viel mehr Saft als sonst.
Beba Hciduk, Kaarst

Honigrest als Marinade

Ist das Honigglas so gut wie leer, gieße ich etwas Speiseessig hinein und erwärme das Glas im Wasserbad. Den neuen „Honig-Essig" kann man sehr gut zum Salatdressing nehmen oder Grillfleisch damit marinieren.
Adelheid Schmierer, Altdorff

Farnkraut hält Obst frisch

Obst fault längst nicht so schnell, wenn man die Schale oder den Korb mit etwas Farnkraut auslegt.
Gerd Zeller, Schlieben

Blumen beim Gärtner selber pflücken

Blumensträuße pflücke ich beim Gärtner selber. Dadurch zahle ich viel weniger als im Blumengeschäft.
Yvonne Wihlidal, Markgröningen

Haltbarkeit von Blumen

Rosen halten in der Vase viel länger (ca. 1 Woche), wenn man dem Wasser etwas Zucker beigibt.
Sigrid Riedel, Loessnitz

Rosen halten länger

Schnittrosen halten wesentlich län-

ger, wenn ich sie, bevor sie in die Vase kommen, frisch anschneide und die Schnittfläche eine Minute lang in kochendes Wasser eintauche. Das verlängert die Blütezeit um etliche Tage.
Dieter Christl, Luckenwalde

Blumen halten länger
Schnittblumen halten länger, wenn man einen Kupferpfennig mit in die Vase legt. So bleiben sie lange frisch und schön.
Erika Wetzel, Absteinach

Blumen länger frisch
Damit Schnittblumen nicht so schnell verblühen, stecke ich die Stengel in eine rohe Kartoffel, in die ich vorher entsprechend große Löcher gebohrt habe. Alles zusammen in die Vase stellen. Sie bleiben so doppelt so lange frisch!
A. Walter, Karlsbad

Tannenzweige lange frisch
Tannenzweige schräg anschneiden und dann 24 Stunden ins Wasser stellen. Danach Schnittfläche mit Alleskleber wieder verschließen.
Maria Pfeiffer, Bremen

Zitronenlimonade macht Nelken haltbar
Nelken halten viel länger, wenn man sie statt in Wasser in preiswerte Zitronenlimonade stellt. So erblühen sie, sehen schön aus.
Anja Nickol, Kringelsdorf

Briefmarken im Eisfach wie neu
Briefmarken, die feucht geworden sind, zusammenkleben und eigentlich nicht mehr benutzt werden können, lassen sich voneinander lösen, wenn man sie für eine halbe Stunde ins Gefrierfach legt.
Bärbel Grabe, Stadthagen

Kein Rost an Werkzeugen
In meinen Werkzeugkasten lege ich ein Stückchen Kreide oder Holzkohle, das ich alle 6 Monate erneuere. So wird Feuchtigkeit absorbiert, und mein Werkzeug rostet nicht.
Erhard Herzig, Goldbach

Holzkohle verhindert Werkzeugrost
Legt man ein Stück Holzkohle oder Kreide in den Werkzeugkasten, kann nichts mehr anrosten. So spare ich die teure Neuanschaffung.
Timo Heppner, Di.-Ewersbach

Würze für Grillfleisch
Um meinem Grillfleisch eine besondere Note zu geben, streue ich ein paar Lorbeerblätter und Rosmarinzweige in die Grillglut. Ergibt ein kostenloses herrliches Aroma. Spart die Marinade.
W. Schmidt, Westerstede

Cappuccino selbst gemacht

Ich vermische 200 Gramm Kaffeeweißer, 85 Gramm löslichen Kaffee, 225 Gramm Zucker und 120 Gramm Kakaopulver. Schmeckt köstlich und ist wesentlich günstiger als gekaufter Cappuccino.

Helga Moser, Weilheim

Günstiger Likör

Meine selbstgemachten Brombeer- und Johannisbeerliköre setze ich nicht mit Weingeist an (1 Liter 60 Mark), sondern nur mit einem Klaren (38 %). Der kostet um 10 Mark, und der Likör schmeckt kein bißchen schlechter.

Monika Fleigerbauer, Osterhofen-Gergweis

Gewürze selbst mahlen

Kümmel kaufe ich auf dem Wochenmarkt ganz (250 g 3,90 Mark/ 250 g gemahlen 5,48 Mark) und mahle ihn mir zu Hause in einer alten Kaffeemühle selbst fein. Genauso verfahre ich mit Pfeffer. Meine Gewürze kosten mich dadurch nur noch knapp die Hälfte.

Anni Fritz, Wurzen

Erdbeeren luftig aufbewahren

Erdbeeren, die nicht aufgegessen wurden, gebe ich in ein Sieb und stelle sie in den Kühlschrank. So bekommen sie Luft und halten länger, und ich muß keine matschigen wegwerfen.

Angelika Schäfer, Unna

CDs im Eisfach reparieren

CDs, die springen, können wieder ganz normal gehört werden, wenn man sie etwa eine halbe Stunde ins Eisfach legt. Spart den Neukauf!

Daniel Müller, Hamburg

Eiweiß rettet versalzene Suppe

Versalzene Suppe kann man retten, indem man ein rohes Eiweiß mit in die Suppe quirlt. Wenn es geronnen ist, gleich wieder herausnehmen. Das Eiweiß hat den größten Teil des Salzes aufgenommen. Die Suppe ist wieder genießbar.

S. Täschner, Unterföhring

Salatkopf länger knackig

Als Single brauche ich ja keinen ganzen Salatkopf. Darum schneide ich den Stumpf mit einem Messer an und stelle ihn in eine Schüssel mit etwas Wasser. So kann ich mehrmals davon nehmen und muß nichts wegwerfen.

H. Schwerd, Kassel

Waffeleisen statt Pfanne

Kartoffelpuffer backe ich nur noch im Waffeleisen. So brauche ich nicht so viel Fett. Außerdem hat man hinterher nicht so viele Fettspritzer an

Kacheln und Arbeitsplatte. Spart also auch noch Reinigungszeit.
Ingeborg Geißler, Leipzig

Kerzen halten länger

Kerzen brennen langsamer ab, wenn man den brennenden Docht mit etwas feinem Salz bestreut.
Sven Trabert, Erzhausen

Nadeln durch Kernseife stabiler

Dünne Nähmaschinennadeln steche ich vor dem Gebrauch in ein Stück Kernseife. Dadurch brechen sie nicht mehr so schnell ab.
Hannelore Weißmann, Schwerin

Klebeband als Flusenbürste

Einfaches Paket-Klebeband läßt sich sehr gut zum Entflusen von Kleidungsstücken verwenden. Einfach auf die fusselige Kleidung kleben und abziehen. Spart die Spezialbürste.
Ewa Rickert, Bochum

Blütenstaub mit Tesafilm abziehen

Lilien-Blütenstaub auf der Kleidung sollte man auf keinen Fall wegzureiben oder auszubürsten versuchen. Ich nehme einen Streifen Tesafilm und lege ihn vorsichtig auf die Stellen. Beim Abziehen bleibt der Blütenstaub daran kleben. Manchmal muß der Vorgang wiederholt werden, bis der Schaden beseitigt ist.
Ilona Willnecker, Leipzig

Klebetuben mit Stecknadeln schließen

Klebstofftuben sind oft verstopft und nach kurzer Zeit nicht mehr zu gebrauchen. Darum verschließe ich sie immer mit einer Stecknadel. So ist die Öffnung nie verklebt, und ich kann die Tube bis zum letzten Rest verbrauchen.
K.-H. Greinert, Wuppertal

Krankenkassen vergleichen

Wählen Sie eine preiswerte. Die Beiträge unterscheiden sich bis zu 14,5 Prozent bei gleichen Leistungen.
Ron Obermann, Erfurt

Kreide statt Maler

Fettflecken auf weißer Tapete lassen sich mit weißer Schulkreide entfernen. Einfach die betroffenen Stellen damit übermalen, gut einwirken lassen und mit einem sauberen Tuch abreiben.
Julia Rademacher, Hamburg

Tipp-Ex gegen Tapetenflecken

Fettflecke auf meiner Küchentapete bepinsele ich mehrere Male mit Tipp-Ex. So brauche ich nicht gleich neu zu streichen.
Anita Dombois, Bietigheim-B.

Parfümduft aus dem Staubsauger

Ich kaufe keine teuren Raumsprays. Ein paar Spritzer Parfümproben in

den Filter vom Staubsauger, und schon duftet es nach dem Saugen herrlich in der ganzen Wohnung.
Annett Walter, Münchenbernsdorf

Lippenstift reparieren

Abgebrochene Lippenstifte einfach über einer Flamme leicht erhitzen, bis die Bruchstelle angeschmolzen ist. Die Stücke vorsichtig aufeinanderdrücken und im Kühlschrank abkühlen lassen. Ist preisgünstiger als ein Neukauf.
Katrin Neumann, Wegberg

Mehr Lebensmittel fürs gleiche Geld

Fertig abgepackte Lebensmittel mit Einheitspreisen (z. B. Obstschälchen) wiege ich immer ab. Die Gewichtsunterschiede sind enorm, obwohl eigentlich die gleiche Menge drin sein sollte. Ich kaufe immer das schwerste Paket. Lohnt sich, achten Sie mal drauf!
Friedhelm Geisler,
Bad Lauterberg-Barbis

Reißfest angenähte Knöpfe

Die Kleiderknöpfe meiner Kinder nähe ich grundsätzlich mit Zahnseide an. Die ist wesentlich stabiler als ein normaler Faden, und die Knöpfe bleiben dran!
Gertrud Perschke, Lauterbach

Salzbad hält die Farbe frisch

Neue Jeans bleichen nicht so schnell aus, wenn Sie sie vorm ersten Waschen eine Stunde in kaltes Salzwasser (1 Eßlöffel Salz auf 2 Liter Wasser) legen. Anschließend die Hose von innen nach außen ziehen und im Kaltwassergang waschen. So spare ich Textilfarbe.
Margot Becker,
Mönchengladbach

Neuer Glanz für Goldrahmen

Stumpf gewordene Goldrahmen reibe ich dünn mit einer Mischung aus Salz und Eiweiß ab. Anschließend mit einem weichen Lappen nachpolieren.
Karin Unglaube, Eilenberg

Schnäppchen auf dem Wochenmarkt

Erfahrungsgemäß gehen die Händler auf Wochenmärkten kurz vor Ladenschluß mit ihren Preisen runter. Das gleiche Gemüse, Obst und Fleisch gibt's dann um einiges billiger.
Andreas Schmollack, Ellerbek

Schnäppchen beim Kleiderkauf

Ich spare oft viel Geld, indem ich bei Kleidungsstücken auf kleine Mänge achte. Für leichte Flecken oder aufgeplatzte Nähte verlange ich Rabatt. Die kleinen Schäden behebe ich dann zu Hause.
Ralf Kostka, Idar-Oberstein

Spielzeug immer aktuell

Obwohl meine Kinder genügend Spielsachen haben, wünschen sie sich doch immer was Neues. Mein Trick: Ich lasse einen Teil verschwinden und hole ihn nach einigen Wochen wieder hervor. Es wird dankbar wie neues Spielzeug angenommen. So spare ich auf Dauer viel Geld.

Claudia Müller, Eichstätt

Schnäppchen im Fundbüro

Zweimal im Jahr werden dort Fahrräder, Koffer, Taschen etc. zu günstigen Preisen versteigert.

Thomas Berger, Apen

Vasen selber reparieren

Ich spare, indem ich Vasen mit kleinen Rissen nicht gleich wegwerfe, sondern mit farblosem Nagellack repariere. Undichte Stellen damit bestreichen, trocknen lassen, Vorgang einige Male wiederholen. Anschließend die Vase kalt ausspülen. So hält sie wieder dicht.

Sabine Boltz, Neustadt

Autobeulen selbst beheben

Um Reparaturkosten für kleine Autobeulen zu sparen, kann man sie selber mit einer Abflußglocke aus Gummi herausziehen. Schont den Lack und kostet nichts.

Heiner Wolf, Tübingen

Sandkasten mit Spannlaken schützen

Sandkästen lassen sich prima vor Hunden, Katzen, Blättern und anderen Verunreinigungen schützen, indem man nach dem Spielen ein altes Spannbettlaken darüberzieht. So bleibt der Sand viel länger sauber und muß nicht so oft erneuert werden.

Walter Henniges, Magdeburg

Verschmutzte Nagelfeilen wieder sauber

Auf Nagelfeilen, die verschmutzt und stumpf geworden sind, klebe ich Leukoplast-Pflaster und reiße es anschließend mit einem Ruck ab. So kommt der ganze Schmutz mit runter, und meine Feile ist wieder schön scharf.

Giuseppina Mari, Tübingen

„Wasserglas“ gegen undichte Gartenschirme

Undichte Stellen in Markisen und Gartenschirmen kann man ganz leicht ausbessern: Einfach auf der „linken" Seite mit etwas flüssigem Wasserglas (Baumarkt) bestreichen und trocknen lassen. Die farblose Flüssigkeit versiegelt das Material gegen Feuchtigkeit und erspart so den Neukauf.

Berta Saler, Büchenbach

Tricks gegen Ungeziefer

Pfefferminze gegen Mäuse

Wer sieht sie schon gerne, die kleinen ungebetenen Gäste, die sich trotz aller Reinlichkeit in Wohnungen und Häuser eingeschlichen haben, sich da ausbreiten und vermehren? Nicht lustig, wenn kleine Silberfische durchs Badezimmer flitzen, nimmermüde Ameisen durch den Küchenschrank ziehen. Unzählige Eintagsfliegen sich auf unverschlossene Lebensmittel legen. Man könnte sie mit teuren chemischen Keulen bekämpfen. Doch das ist weder notwendig noch wollen wir das. Hier sind entsprechende Tips.

Ameisen bekämpfen mit Zimt

Frühlingszeit heißt Ameisenzeit. Statt Spezialmittel zur Bekämpfung zu kaufen, streue ich etwas Zimt auf die „befallenen" Stellen. Das vertreibt sie effektiv und ist zudem umweltfreundlich.

Wolfgang Blaschkowski, Leisnig

Ameisen weg mit Natron

Wenn Ameisen durch die Wohnung laufen, einfach etwas Natron auf die Wege streuen. Spart Insektenmittel und ist nicht giftig.

Helga Dieckmann, Schmitten

Fuchsien vor Läusen schützen

Wenn Fuchsien von Blattläusen befallen sind, hilft folgendes: Umtopfen und Brennesselblätter zwischen Ballen und Blumenerde legen. Billig und umweltfreundlich.

Edith Schulz, Hemer

Blattlauskiller selbst gemacht

In eine Sprühflasche fülle ich Wasser und ein paar Tropfen Spülmittel. Damit besprühe ich im Frühjahr meine Rosen gegen Läuse.

Karl-Heinz Jürgens, Hannover

Tabaksud gegen Blattläuse

Blattläuse bekämpfe ich mit Tabaksud. Ich koche etwas Tabak mit Wasser auf, fülle die durch ein Tuch gesiebte Flüssigkeit in eine Flasche und begieße damit mehrere Tage die befallenen Pflanzen.

Waltraud Gerstner, Dresden

Brennesselsud vertreibt Ungeziefer

Hartnäckiges Ungeziefer mit Brennesselsud begießen: Brennesselblätter drei Tage in Wasser legen und damit die Pflanzen besprühen.

Dunja Schmäle, Augsburg

Pflanzenschutzmittel selber machen

In eine Sprühflasche jeweils einen Spritzer Spülmittel und Spiritus geben, mit Wasser auffüllen. Gut schütteln, und fertig ist ein umweltfreundliches Mittel für Zimmerpflanzen.

Gertrud Hansen, Mönchengladbach

Spinnmilben vertreiben

Wenn meine Topfpflanzen von Spinnmilben befallen sind, besprühe ich sie mit Paraffinöl. Das rettet die Pflanze ohne Einsatz von Pestiziden.
Isabel Fröhlich, München

Schnecken weg ohne Gift

Damit die Schnecken meine Salatpflanzen nicht zerfressen, streue ich etwas Salz um die Pflanzen herum. Ist umweltfreundlich und fast umsonst.
Beate Stöcker, Hamburg

Schnecken bekämpfen

Meine jungen Pflanzen bleiben von Schnecken verschont, indem ich Eierschale zerstampfe und sie um die jungen Pflänzchen streue. Schnekkengift gespart.
Margot Kubaneck, Wilhelmshaven

Wühlmäuse vertreiben

Wühlmäuse vertreibe ich jetzt im Frühling aus meinem Garten, indem ich ausgekämmte Haare von unserem Hund in die Löcher stopfe und diese locker mit Erde bedecke. Die Mäuse riechen den vermeintlichen Hund und flüchten. Umweltfreundlich und kostenlos.
Claudia Langenberg, Goßwitz

Mäuse vertreiben mit Pfefferminzöl

Hat man Mäuse im Garten oder Keller, kann man sie erfolgreich mit Pfefferminzöl verjagen. Einfach Pappstreifen mit dem Öl beträufeln und auslegen. Schont die Umwelt und ist völlig ungefährlich für Kinder.
Heinz Kiss, Heddesheim

Pflanzenschutzmittel aus Streichholz

Zum Vertreiben von Erdflöhen stecke ich einfach ein Streichholz mit dem Kopf nach unten in die Erde. Das vertreibt die Läuse meiner Topfpflanzen im Nu, und ich spare Pflanzenschutzmittel.
Sarka Spasojevic, Erkrath

Milben mit Essig vertreiben

Wenn mein Kanarienvogel Milben hat, vertreibe ich sie, indem ich ein paar Tropfen Essig auf ein kleines Tüchlein träufele und es in den Käfig hänge. Darauf sammeln sich dann die Milben, und mein Vogel ist befreit.
Ulrike Steinmetz, Passau

Flohpulvermittel aus Farnkraut

Flöhe bekämpfe ich erfolgreich, indem ich das Hundekörbchen mit etwas getrocknetem Farnkraut auslege.
Kirstin Werneburg, Dormagen

Mottenkugeln selber machen

Ich spare Geld für Mottenkugeln, indem ich getrocknete Apfelsinenschalen in einen Plastikbeutel mit kleinen Löchern fülle und in den

Kleiderschrank lege. Ist außerdem umweltfreundlich.
Annelies Schütz, Bad Langensalza

Seife gegen Motten
Da Motten intensive Gerüche meiden, liegen in meinem Kleiderschrank in jedem Fach duftende Seifen. Am besten eignen sich Seifen mit Lavendel-, Zedernholz-, Holunderholz- oder Nelkengeruch. So schütze ich meine Kleidung optimal vor Motten, und sie duften herrlich!
Anita Germann, Berlin

Vanille gegen Silberfische
Wenn ich in der Wohnung Silberfische sehe, lege ich eine Vanillestange an die jeweiligen Stellen. Nach kurzer Zeit verschwinden die Tierchen, weil sie den Geruch nicht mögen.
Wiebke Zeidel, Leipzig

Lorbeerblatt gegen Mehlmotten
Mehl bewahre ich in einer Dose auf, vergesse darum meist das Verfalldatum. Macht nichts, denn ich lege ein Lorbeerblatt mit hinein. So bilden sich auch nach Jahren keine Mehlmotten.
Jutta Reinhardt, Hamburg

Fliegen ade
Wenn die warme Jahreszeit beginnt und Fliegen ins Haus kommen, gebe ich täglich einige Tropfen Essig-Essenz auf die warme Herdplatte. Das hält sie fern.
Karla Maler, Düsseldorf

Wieder wie neu

Pellkartoffeldampf für alte Wildlederschuhe

Wie oft schmeißen wir einfach Sachen weg, weil wir glauben, wir können sie nicht mehr benutzen. Entweder sind die Gebrauchsspuren zu groß, oder die Dinge sehen einfach nicht mehr gut aus. Dabei hätten wir noch manches retten können. Nur wie?
Das erfahren Sie jetzt. Es ist doch ein Jammer, ein Kleidungsstück auszumisten, nur weil es mal blank gebügelt worden ist. Oder die zu ausgewaschenen Jeans unflott aussehen. Auch eingetrocknete Ölfarbe, verschrumpelte Kartoffeln oder Äpfel können wieder aufgefrischt werden.

Alte Trockensträuße länger haltbar

Meine Trockensträuße behalten länger ihre leuchtenden Farben, wenn ich sie mit Haarspray einsprühe.
Ellen Siemers, Hannover

Gold reinigen mit Zwiebelsaft

Ist mein Goldschmuck matt und unansehnlich geworden, reibe ich ihn einfach mit einer halben Zwiebel ab. Den Saft einige Stunden einwirken lassen, anschließend mit einem weichen Tuch nachpolieren. Glänzt wieder wie neu.
Anneliese Möller, Hamburg

Alufolie als Silberputzmittel

Silber reinige ich ohne teure Chemieprodukte. Ich wickle mein Besteck einfach in Alufolie und lege es für etwa 3 Stunden in heißes Salzwasser. Anschließend trockne ich es mit einem weichen Tuch.
Heidemarie Müller, Schlieben

Glänzendes Messing durch Zitronensaft

Angelaufenes Messing von Türgriffen und Lampen reibe ich einfach mit etwas Zitronensaft ab. Kurz einwirken lassen und mit einem weichen Lappen nachpolieren.
Udo Napp, Halstenbek

Backpulver gegen Fugenschmutz

Fußbodenfugen werden wieder schön sauber und hell, wenn man sie intensiv mit etwas Backpulver schrubbt.
Familie Kanz, Haren

Kachelfugen wieder weiß

Graue Kachelfugen bekomme ich wieder weiß, indem ich eine alte Zahnbürste in verdünnten Salmiakgeist tauche und die Fugen damit leicht schrubbe. Wieder wie neu.
Gisela Herder, Köln

Bettbezüge wieder neu

Bettbezüge nutzen sich am ehesten

an der oberen Kante ab. Wenn das Material dünner wird, kaufe ich passende Bordüren oder Reststoffe und nähe sie obenauf. So spare ich teuren Neukauf.
Gisela Röhrborn, Hersbruck

Federbetten selber waschen

Federbetten bringe ich nicht in die teure Reinigung, sondern wasche sie mit Feinwaschmittel. Anschließend im Trockner völlig durchtrocknen lassen! So werden Bettdecken und Kopfkissen frisch und voluminös.
Familie Lochmüller, Göppingen

Jeans wie neu

Ausgewaschene schwarze Jeans werfe ich nicht weg, sondern färbe sie mit „Simplicol"-Textilfarbe in der Waschmaschine nach. Neukauf gespart.
Christine Voß, Hamburg

Anzug verliert Speckglanz

Ist das „gute Ausgehstück" durch zu heißes Bügeln glänzend geworden, mixe ich einen Cocktail aus 1 Liter Wasser mit 1 EL Salmiakgeist und 1 EL Salz. Alles in eine Plastik-Sprühflasche füllen und damit die speckig glänzenden Stellen besprühen. Der „Glanz" verschwindet, und der Anzug sieht wieder wie neu aus.
Eva Traurig, Lam

Aufbügelbare Flicken von der linken Seite

Nicht nur für Kinder! Auch ich reiße mir mal ein kleines Loch in Rock, Hose oder Jacke. Dann bügele ich von der linken Seite spezielles Flickenband (gibt's im Kaufhaus in verschiedenen Farben) auf die Stelle. So kann ich das Teil wieder tragen.
Nadine Köhler, Hamburg

Samt auffrischen

Meine Samtwesten und -hosen frische ich folgendermaßen auf: Weiche Kleiderbürste in Salz tauchen und das Kleidungsstück gegen den Strich bürsten. So glänzt es wieder und kann länger getragen werden.
Melissa Barthe, Wallenhorst

Bimssteine wieder wie neu

Abgenutzte Bimssteine nicht wegwerfen! Sie lassen sich mit grobem Schmirgelpapier ganz einfach wieder aufrauhen. So halten sie noch schön lange. Neukauf gespart!
Hilke Meier, Tönning

Reißverschluß retten

Klemmt der Reißverschluß, reibe ich ihn auf beiden Seiten mit einem Stück Seife ab. Dann läuft er wieder. Neukauf gespart.
Sybille Wonner, Itzstedt

Bügelstärke rettet Reißverschluß
Alte, wellig gewordene Reißverschlüsse werfe ich nicht weg, sondern behandele sie mit Bügelstärke. Einfach Reißverschlüsse damit einsprühen und unter einem Tuch glattbügeln. Werden wieder so gut wie neu, und ich habe den Neukauf gespart!
Sabine Walsch, Halle

Dunstabzugfilter waschen
Ich wasche den Filter meiner verschmutzten Dunstabzugshaube bei 40 Grad in der Waschmaschine. Wird wie neu, und ich muß keine neuen Filter kaufen.
Heike Meischner, Suthfeld

Pinsel länger haltbar
Nach dem Malen lege ich Pinsel und Farbrollen fünf Minuten in lauwarmes Wasser und wasche sie dann mit Weichspüler aus. Das reinigt, Fell und Borsten bleiben außerdem weich und geschmeidig.
F. Martens, Lübeck

Farbe wieder streichfähig
Malerfarbe, die durch langes Stehen klumpig geworden ist, siebt man einfach durch einen alten Nylonstrumpf. So wird sie wieder glatt und streichfähig. Neukauf gespart!
H. Sauer, Osnabrück

Holzbesteck hält länger
Besteck mit Holzgriffen sollte man nach dem Reinigen hin und wieder mit etwas Speiseöl fetten. Dadurch wird es nicht so rauh und spröde, bleibt ansehnlich und hält länger.
Herr Richter, Hamburg

Haarspray für CDs
Feine Kratzer auf meinen CDs behebe ich, indem ich sie aus 30 cm Entfernung mit etwas Haarspray besprühe. Kurz einwirken lassen, dann CD mit Wasser abspülen. Zum Schluß trocken tupfen.
Andreas Heilig, Leuterstein

Kugelschreiberminen leben länger
Kugelschreiber, die nicht mehr schreiben, werfe ich nicht sofort weg. Meistens sind nämlich nur die Spitzen angetrocknet. Ich halte diese kurz unter fließend heißes Wasser, und schon sind sie wieder schreibfähig.
Helmut Abwandner, Forchheim

Keramikspüle wieder wie neu
Schäbig gewordene Keramikspülen werden wieder ansehnlich, wenn man ein Spülmaschinen-Tab in die Spüle legt, mit kochendem Wasser übergießt und über Nacht einweichen läßt. Die Spüle wird wie neu.
Andrea Siepen, Wuppertal

Spülbürsten mit Geschirrspüler waschen

Sie werden danach wieder wie neu und halten dreimal so lange.
Dagmar Hägele, Ludwigshafen

Knäckebrot wieder knackig

Knäckebrot, das weich und pappig geworden ist, werfe ich nicht weg, sondern toaste es auf. Richtig knusprig springt's wieder aus dem Toaster und schmeckt köstlich frisch.
H. Richter, Hamburg

Äpfel werden wieder glatt

Verschrumpelte und unansehnlich gewordene Äpfel werfe ich nicht weg, sondern lege sie für kurze Zeit in heißes Wasser. So werden sie wieder schön glatt und lassen sich gut schälen.
Hanna Krause, Halberstadt

Schlappe Chips

Feucht und schlapp gewordene Kartoffelchips werden wieder knakkig frisch, wenn man sie einige Minuten in den vorgeheizten Backofen legt. So schmecken sie wieder lecker, und man hat Geld gespart.
H. Richter, Hamburg

Trockenes Brot wieder frisch

Hartes und trockenes Brot wickle ich in ein feuchtes Tuch und lege es 24 Stunden in den Kühlschrank. Anschließend backe ich das Brot einige Minuten im Ofen auf. So ist es wieder frisch und schmeckt köstlich.
Sabrina Müller, Wächtersbach

Milch macht Chicorée knackig

Holzige Chicorée-Salatstauden werden genießbar, wenn man sie einfach kurz in Milch einlegt. So schmekken sie wieder knackig frisch und lecker. Neukauf gespart!
Bernd Hinrichs, Erfurt

Gemüse wieder knackfrisch

Wenn Möhren, Bohnen, Rettich, Radieschen, Kohlrabi zu lange liegen, werden sie schlapp und schlaff. Nur nicht wegwerfen, sondern in eine Schüssel mit kaltem Wasser legen. Nach ein paar Stunden sind sie wieder knackfrisch.
Hanna Rühmkorf, Hamburg

Kopfsalat retten

Welk gewordener Kopfsalat wird wieder frisch, wenn man ihn eine halbe Stunde lang in kaltes Zuckerwasser legt.
Doris Vormwald, Hanau

Kratzer wegreiben

Kratzer auf Eichenmöbeln verschwinden, wenn ich mit einer halben Walnuß auf dem Kratzer hin- und herreibe, bis er nicht mehr zu sehen ist. Danach kräftig mit weichem Tuch

abreiben. Die Möbel sehen wieder gepflegt aus.
Charlotte Brügmann, Hamburg

Legosteine wieder sauber

Schmutzige Legosteine sehen wieder aus wie neu, wenn man sie in einem Kissenbezug bei 30 Grad in der Waschmaschine wäscht. Aber ohne Schleudern.
Walter Henniges, Magdeburg

Blumentöpfe säubern

Unansehnliche und verkalkte Blumentöpfe reibe ich mit Essig ab. Sie sehen danach wieder wie neu aus.
Magdalena Friedmacher, München

Blumenkübel

Meine Terrakotta-Blumenkübel reibe ich einmal im Jahr mit einer Mischung aus Öl und Essig ein, und sie sehen wieder aus wie neu. Kalkrückstände verschwinden. So bleiben sie jahrelang ansehnlich schön.
Christa-Maria Büchter, Dorsten

Nagellack läßt Perlmuttknöpfe glänzen

Stumpf und unansehnlich gewordene Perlmuttknöpfe werden wieder blank und schön, wenn man sie mit etwas farblosem Nagellack überpinselt. Sehen wieder wie neu aus.
Heidemarie Hermsen, Hamburg

Trockene Mascara wieder brauchbar

Fest gewordene Wimperntusche werfe ich nicht weg. Ich lege sie einfach für 20 Minuten in handwarmes Wasser. Anschließend ist die Konsistenz wieder geschmeidig, und ich kann sie bis zum letzten Rest aufbrauchen.
Ursula Grzegorzewski, Berlin

Nagellack wieder flüssig kriegen

Erst in heißes Wasser legen, bis er wieder dünnflüssig ist, dann mit ein paar Tropfen Nagellackentferner verdünnen.
Sandra Plasswick, Dormagen

Verklebte Tubenköpfe

Ist ein Tubenkopf verklebt und läßt sich nicht mehr öffnen, hält man ihn für einige Minuten in heißes Wasser. Gerade bei Klebstoff habe ich so schon einige Tuben gerettet und den Neukauf gespart.
O. Raffels, Frankfurt/Oder

Salz macht Vergilbtes wieder weiß

Vergilbte Stofftaschentücher werden wieder schön weiß, wenn man sie vor dem Waschen in ein Salzwasserbad legt. Rund einen Tag darin liegen lassen, anschließend wie gewohnt waschen. Spart Neukauf!
Nicole Frandsen, Hamburg

Klumpiges Salz retten

Feucht und klumpig gewordenes Salz werfe ich nicht weg, sondern gebe es kurz in die Mikrowelle. Das macht es wieder wunderbar streufähig.
Annemarie Blum, Krumbach

Salz spart Scheuermittel und Schwämme

Bratpfannen und Töpfe kommen ohne Scheuermittel und Schwämme aus. Bei angesetztem Schmutz einfach einen Löffel Salz hineingeben, erhitzen und Angesetztes mit einem Lappen problemlos ausreiben.
Monika Lettel, München

Spülbecken-Einlage wieder sauber

Die Gummi-Einlage vom Spülbecken wird wieder wie neu, wenn man sie einfach mit normaler 60-Grad-Wäsche in der Waschmaschine wäscht.
Juliane Denkhahn, Burgdorf

Verschrumpelte Kartoffeln wieder frisch

Kartoffeln, die nach längerer Lagerung schrumpelig geworden sind, lege ich kurz in kaltes Wasser. Nach einer Stunde sind sie wieder schön hart, und ich brauche sie nicht wegzuwerfen.
I. Lang, München

Waschmittel säubert Töpfe

Meine Emailletöpfe pflege ich, indem ich sie mit Wasser fülle, einen Teelöffel Waschpulver hinzufüge und dann aufkochen lasse. Danach sehen die Töpfe wieder aus wie neu.
Gritta Bode, Hamburg

Edelstahl günstig reinigen

Stumpf und unansehnlich gewordene Spülbecken aus Edelstahl reibe ich mit einer selbst gemachten Paste aus Schlämmkreide (aus dem Baumarkt) und Essig ein. Gut einwirken lassen, feucht nachwischen und mit einem weichen Lappen polieren. Glänzt wieder wie neu.
M. Pohlner, Rinteln

Wasserhähne wieder drehbar

Schwer drehbare Wasserhähne bepinsele ich mit Cola und lasse es einige Stunden einwirken. Danach lassen sie sich ohne Mühe wieder auf- und zudrehen. Das gleiche gilt für verrostete Schrauben.
H. P. Kluin, Wilhelmshaven

Sandalen wie neu

Wenn der Sommer kommt, kommt auch die Zeit der Sandalen wieder. Meist sehen sie dann jedoch unansehnlich aus: schmutzige Innensohlen, Abdrücke von Fersen und Zehen. Kein Grund zum Ausrangieren und Neukaufen! Tränken Sie einen

Wattebausch mit Nagellackentferner, und reiben Sie die Innensohlen ab. Die Sandalen sehen wieder aus wie neu.
Johanna Goebel, Beeskow

Harken- und Spatenstiele retten
Holzstiele an Gartengeräten werden wieder fest, wenn man sie für ca. 24 Stunden bis zum Schaft ins Wasser stellt.
Erhard Herzig, Goldbach

Farbfrischer Regenschirm
Verblaßt der hübsche Regenschirm, nicht wegwerfen! Sondern ihn aufspannen und mit Spiritus abreiben. Schon sind die Farben wieder frisch.
Annelie Schlegemilch, Münchweiler/Als.

Wildleder wieder frisch
Fleckige Stellen auf Wildlederschuhen über den Dampf von kochenden Pellkartoffeln halten und anschließend bürsten.
Werner Angermann, Altenfeld

Bananenschale spart Lederfett
Unansehnlich gewordene Lederhandschuhe werden wieder schön, wenn man sie mit der Innenseite einer Bananenschale abreibt.
Christine Thieme, Straßberg

Nur nicht wegschmeißen, sondern weiter nutzen

Tischtennisbälle
wieder wie neu durch heißes Wasser

Nur nicht wegschmeißen ...

Unsere Leserinnen haben uns erst mal die Augen dafür geöffnet, was man noch alles weiterverwerten kann. Also nur nicht gleich Lebensmittelreste, benutzte Aluschalen, abgenutzte Autofelle oder alte Gardinen in den Müll schmeißen! Tatsächlich gibt es viele praktische Dinge, die man noch draus machen und so richtig Geld sparen kann. Das gilt für Geschenk- und Faxpapier und auch für Kassenbons. Besonders praktisch ist es bei Baby-Kleidung, aus denen die Kleinen so schnell herausgewachsen sind. Und wußten Sie, daß man auch kaputte Strumpfhosen noch weiter nutzen kann?

Alufolie von Kaffeepackungen wiederverwerten

Leere Alu-Kaffeetüten werfe ich nicht weg. Ausgewaschen eignen sie sich ideal zum Verpacken von Pausenbroten. Sind reißfester als herkömmliche Alufolie und lassen sich auch häufiger wiederverwenden.
Erika Schneider, Gunzenhausen

Schokoladenpapier noch mal benutzen

Silberpapier von Schokolade eignet sich prima zum Abdecken von Dosen. Spart die teure Alufolie.
Alfred Gude, Greven

Reste bleiben frisch

Silberfolie von leeren Schokoladentafeln streiche ich glatt und verwende sie als Frischhaltefolie. Zum Beispiel für angeschnittene Zwiebeln. Kostet nichts und ist umweltfreundlich.
Brigitte Kusterer, Pforzheim

Aluschalen wiederverwerten

Für Grillpartys im Sommer hebe ich immer die Aluschalen von Fertiggerichten auf. Die eignen sich toll als „Wegwerf-Geschirr" oder Behälter für Salate, Saucen oder Knabberzeug.
Monika Kropatschek, Otzberg

Tetra-Packs zum Einfrieren

Leere Milchtüten eignen sich prima zum Einfrieren von Resten. Gut auswaschen und trocknen lassen. Gefriergut einfüllen und mit einem Klebeband Packung verschließen. Lassen sich auch wunderbar in der Truhe stapeln.
Margot Müller, Neuenburg

Cremedosen weiterverwenden

Größere Cremedosen wasche ich nach Aufbrauchen der Creme aus und bewahre darin Knöpfe, Büroklammern und Parkgroschen auf.
Rosita Rodday, Hamburg

Alte Bettfedern als Dünger

Alte Daunen aus der Bettdecke müssen nicht in den Müll. Ich grabe sie in meinem Gemüsebeet ein. Sie geben einen vorzüglichen Dünger ab.

Kurt Sand, Nassau

Autofelle als Einlegesohlen

Aus abgetragenen Autofellen schneide ich noch herrlich wärmende Einlegesohlen für die kalten Tage.

Eva Traurig, Lam

Alte Knöpfe aufbewahren

Ich trenne Knöpfe und Reißverschlüsse von ausgedienten Kleidungsstücken und verwende sie für Kleider, die ich selber nähe.

Katrin Sokoll, Borna

Flotte Nachthemden

Aus den Herrenhemden meines Mannes nähe ich mir flotte Nachthemden. Durchgescheuerte Kragen schneide ich ab und verziere den Ausschnitt mit hübscher Spitze oder Bordüre.

Johanna Buxot, Lippstadt

Gardine als Vogelnetz

Alte Gardinen verwende ich als Vogelschutznetz im Garten. Vorher grün einfärben.

Anni Kubczigk, Hilders

Handschuhe als Topflappen

Ich nehme alte Handschuhe (Fäustlinge) als Topflappen. Funktioniert prima!

Daniela Köhler, Hostenbach

Kinderhosen werden zu Shorts

Werden die Hosen meiner Kinder zu kurz, schneide ich sie ab und nähe sie um. So können meine Kinder sie im Sommer als Shorts tragen. Und ich muß keine kaufen.

Alexandra Holzheu, Gotha

Schulterpolster wiederverwerten

Alte Schulterpolster lassen sich noch sehr gut als Knieschoner für Garten- oder Kinderhosen verwenden.

Angelika Schäfer, Unna

Schweißbänder aus Socken

Aus ausgeleierten Tennissocken mache ich Schweißbänder. Oben das Bündchen abtrennen, umnähen. Sie sind noch für viele Sportstunden zu benutzen. So geht's: Zwei zusammengenäht, ergeben eines für den Kopf. Für das Handgelenk reicht eine Socke.

Annelie Werle, Kelkhain

Strampelhöschen werden zu Sommerhemdchen

Aus Strampelhöschen, die zu kurz geworden sind, nähe ich noch niedliche Sommerhemdchen für Babys.

Oberhalb des Zwickels durchtrennen und umsäumen. Halten noch eine weitere Saison.
Christa Knapp, Heddesheim

Taschentücher aus Oberhemden
Ich nähe aus abgetragenen Oberhemden Stofftaschentücher. Die gewaschenen Hemden in Größe der Taschentücher zurechtschneiden und anschließend umsäumen.
Werner Kulig, Spreewald

Verschlissene Bettlaken umnähen
Bettlaken, die in der Mitte dünn geworden sind, in der Mitte der Länge nach durchschneiden. Dann umsäumen und die 2 Teile an den Außenseiten wieder zusammennähen.
Hildegard Held, Nördlingen

Wäschesäcke aus Gardinen
Alte, feinmaschige Gardinen verarbeite ich zu Wäschesäckchen. Dazu gewaschene Gardine aufs rechte Maß zurechtschneiden (30 mal 50 cm), an den Seiten abnähen und mit einer Kordel zum Schließen versehen. Eignen sich toll zum Waschen feiner Strümpfe und Dessous. So wird die Wäsche besser geschont.
Hannelore Oberle, Walldorf

Wolle wiederverwenden
Aufgeribbelte Wolle wird wieder locker und glatt, die Farben wieder frisch, wenn man sie straff um ein Holzbrettchen wickelt, dieses über heißem Wasserdampf mehrmals wendet, bis die Wolle gut durchfeuchtet ist. Anschließend lufttrocknen lassen und zum Knäuel aufwikkeln. Diese Prozedur läßt sich sogar mehrmals durchführen.
Irmgard Fricke,
Kleinostheim

Aufhänger aus Lederresten
Aus alten Lederhandschuhen schneide ich schmale Lederstreifen. Die nähe ich als stabile Aufhänger in Jacken und Mäntel, muß keine neuen kaufen.
Christa Knapp, Heddesheim

Kragen für Pullis
Bevor Sie eine an den Armen zerschlissene Bluse wegwerfen, schneiden Sie den Kragen großzügig heraus, säumen alles um und nutzen ihn noch als Krageneinsatz unter Pullis.
W. Hennigs, Magdeburg

Fliegenfenster selbst gemacht
Ich schneide mir vier Leisten auf meine Fenstergröße zurecht, bespanne sie mit einer alten Gardine und bekomme so ein kostenloses Fliegengitter.
B. Pelz, Beverungen

Amaryllis blüht wieder

Die Knolle einer verblühten Amaryllis lagere ich bis zum nächsten Herbst ein und pflanze sie dann wieder in einen Blumentopf. Das läßt sich beliebig wiederholen. Meine Weihnachts-Amaryllis kostet mich dadurch keinen Pfennig.

Almut Nopper, München

Topfkräuter wachsen nach

Abgeerntete Küchenkräuter stelle ich einfach auf den Balkon oder in den Garten und gieße sie regelmäßig. Schon nach kurzer Zeit wachsen Triebe nach.

Ruth Müller, Eickendorf

Besen wieder neu

Besen, deren Borsten sich umgelegt oder zusammengedrückt haben, müssen nicht in den Müll. Wenn man den Besen über kochendes Wasser hält, richtet der Dampf die Borsten wieder auf.

Brigitte Zimmermann, Hirschfeld

Salzwasser macht Besen haltbarer

Ich stelle neue Besen vor dem Gebrauch immer 20 Minuten in ein Salzwasserbad. Das erhöht ihre Lebensdauer.

Kinga Litt, Hamm

Brotkrümel sammeln

Ich werfe keine Brotkrümel mehr weg, sondern sammele sie. Egal ob vom Toast, Schwarz- oder Feinbrot. Jede Woche ergeben sie eine tolle zusätzliche Vogelfutter-Mahlzeit!

Maria Huhnd, Wolfsburg

Destilliertes Wasser selber machen

Für mein Dampfbügeleisen kann ich nur destilliertes Wasser benutzen. Ich habe einen Kondensations-Wäschetrockner, bei dem der Dampf nicht nach außen abzieht, sondern sich in einem Kanister sammelt. Und das ist destilliert.

Michaela Blüthner, Erkelenz

Wäschestärke selbst gemacht

Am Waschtag koche ich Nudeln oder Makkaroni. Das Kochwasser schütte ich nicht weg, sondern gieße es durch ein feines Sieb oder Tuch. Die Flüssigkeit nehme ich zum Wäschesteifen. Kostet nichts und erfüllt den gleichen Zweck wie Appretur.

Krimhilde Wagner, Heilbronn

Chips-Reste als Paniermehl

Übriggebliebenes Salzgebäck zerkleinere ich und sammle es in einer Blechdose. Damit paniere ich Fleisch und Fisch.

Veronika Fendt, Berchtesgaden

Tomatenmark schimmelt nicht

Angefangenes Tomatenmark schimmelt nicht, wenn man es in ein Glas

gibt und etwas Salz oder Öl darauf gibt. So bleibt es noch lange frisch und lecker.
Sandra Neufeld, Bochum

Eierkuchen als Suppenverfeinerung

Die Reste von Eierkuchen werfe ich nie weg, sondern schneide sie in Streifen, friere sie ein. Köstliche Einlage für die nächste frische Suppe.
Irmgard Kümmel, Halle

Alte Brötchen aufbewahren

Alte Brötchen nie wegwerfen. Das Brötchen in Milch oder Wasser legen, ausdrücken und für Hackbraten- oder Kartoffelpuffermasse nehmen.
Ingrid Trinks, Angelroda

Äpfel als Vogelfutter

Als Gartenbesitzer sammele ich im Herbst die kleinen gefleckten Äpfel auf, um sie später als Vogelfutter zu verwenden. Kühl gelagert, halten sie lange.
Edith Münstermann, Tettenwang

Backfett wiederverwerten

Gebrauchtes Backfett lasse ich abkühlen und gebe das Fett in eine Schüssel mit kaltem Wasser. So sinken alle Essenreste nach unten. Sobald das Fett fest geworden ist, schöpfe ich es von oben ab und verwende es noch einmal.
Ingeborg Nowoitnick, Blankenburg

Feine Suppe aus Spargelschale

Wenn es Spargel gibt, werfe ich die Spargelschalen niemals weg, sondern koche daraus eine leckere Suppe. Die Spargelschalen waschen, auskochen und mit etwas Butter und Mehl binden, darüber Petersilie. Köstlich und fast zum Nulltarif!
Frank Schröder, Ascheberg

Fritierfett mehrfach nutzen

Ich backe viel mit Fritierfett. Um nicht jedes Mal neues kaufen zu müssen, gieße ich den Rest durch ein mit Küchenpapier ausgelegtes Sieb und filtere so Krümel und Teigreste raus.
Rosalinde Pölcher, Neustadt

Gurkenwasser nutzen

Für die Marinade von Kartoffel- und Mayonnaisensalat das Wasser von Gewürzgurken nehmen. Schmeckt köstlich, und man muß kein Dressing kaufen.
Elfriede Schmidt, Berlin

Kleine Reste ergeben ganze Mahlzeit

Auch die kleinsten Gemüsereste werfe ich nicht weg, sondern friere sie in leeren Margarinebechern ein. Nach ca. 10 Tagen ergibt das eine Riesen-Beilagenauswahl für die ganze Familie.
Margit Hahn, Gedern

Knochen für die Suppe

Beim Kauf von Nackenbraten lasse ich mir den Knochen heraustrennen und friere ihn ein. Wenn ich genügend zusammen habe, koche ich daraus eine kräftige Erbsensuppe.
Hertha Andrä, Hamburg

Kostenloser Tee

Apfelschalen trockne ich an der Luft und übergieße sie mit kochendem Wasser. Ergibt einen wohlschmeckenden, kostenlosen Tee.
Barbara Wittig, Eilenburg

Kaffeereste verfeinern Pudding

Kaffeereste vermenge ich mit Milch und rühre damit mein Schokoladen-Puddingpulver an. Der bekommt dadurch einen ganz besonders guten Geschmack.
Hannelore Hoeft, Bad Nenndorf

Käse im Gurkensud

Den Würzsud von Gurken oder Mixed Pickles gieße ich nicht weg, sondern fülle ihn mit etwas Olivenöl auf. Darin lege ich gewürfelten Schafskäse oder Mozarella ein. Nach drei Tagen im Kühlschrank ist er durchgezogen. Schmeckt köstlich.
Karin Heitmann, Salzgitter

Kokosmakronen wieder frisch

Hartgewordene Kokosmakronen „rette" ich, indem ich zwischen Dekkel und Keksdose ein angefeuchtetes Tuch spanne. So werden sie wieder weich.
Ursula Pfeifer, Heppenheim

Nudelreste als Suppeneinlage

Übriggebliebene Nudeln oder Reis nehme ich als Suppeneinlage. Im Gefrierbeutel portionsweise abpakken und ab ins Tiefkühlfach. So hat man immer eine leckere und günstige Einlage parat.
Regina Sonnenburg, Zwenkau

Orangeat selbst gemacht

Schale von Apfelsinen werfe ich nicht weg, sondern mache Orangeat daraus. Die Orangenschale mit heißem Wasser gut abwaschen, abtrocknen und in Würfel schneiden. Etwas Honig in ein Schraubglas geben und die Würfel hineingeben. Das Ganze im Kühlschrank aufbewahren.
Monika Tscharntke-Rössing, Nordstemmen

Snacks aus alten Brötchen

Brötchen vom Vortag zerschneide ich in dünne Streifen, bestreiche sie mit Butter und streue Knoblauchsalz oder Pizzagewürz darüber. Bei 180 Grad backen, bis sie knusprig sind. Schmecken toll zu Wein oder Bier.
Gisela Bergmann, Oldenburg

Verkrusteten Senf retten

Hart gewordenen Senf mache ich wieder glatt und streichfähig, indem ich ihn mit einer Prise Zucker und einem Schuß Essig verrühre. Neukauf gespart.
Helena Stricker, Calw

Weinreste einfrieren

Weinreste in den Eiswürfelbehälter gießen, einfrieren und bei Bedarf zum Verfeinern von Soßen verwenden.
Dietmar Solle, Luetzen

Rosinen wieder weich

Rosinen, die vom langen Lagern eingetrocknet sind, lege ich für etwa eine halbe Stunde in den Saft einer ausgepreßten Zitrone. So werden sie wieder weich und fruchtig. Den Saft verwende ich noch für Zuckerguß.
Marlene Nüsse, Dresden

Eingedrückte Tischtennisbälle wieder wie neu

Eingedrückte Tischtennisbälle muß man nicht wegwerfen. Sie werden wieder rund, wenn man sie für kurze Zeit in kochendes Wasser legt.
Monika Reichel, Pfungstadt

Eierkartons für Setzlinge

Statt Aussaattöpfchen verwende ich auseinander geschnittene Eierkartons. Ich kann sie nach dem Keimen meiner Pflänzchen sogar mit einpflanzen, weil sie mit der Zeit verrotten.
Joachim Fritsch, Brühl

Saatkästen umsonst

Kunststoffverpackungen (zum Beispiel von Speiseeis) bewahre ich immer auf. Im Frühjahr bohre ich Löcher in den Boden und hab prima Ziehkästen für Kräuter und Blumen.
Petra Dengler, Püttlingen

Sekt prickelt wieder

Schal gewordenen Sekt belebe ich wieder, indem ich eine Rosine in die Flasche lege. Der Zuckergehalt der Rosine erzeugt neue Kohlensäure.
Gisela Witt, Hemmingstedt

Feta-Marinade weiterverwenden

Die nicht verbrauchte Marinade von eingelegtem Feta (Schafskäse) kann man noch einige Male weiterbenutzen: normales Feta würfeln und in die verbliebene Marinade geben.
S. Grosskinsky, München

Eingetrocknetes Stempelkissen wieder feucht

Das alte Stempelkissen mit etwas Glyzerin aus der Apotheke abreiben. So kann man es wieder benutzen.
Hans Sinnhuber, Höllerbach

Einkaufszettel auf Kassenbon

Alte Kassenbons werfe ich nicht weg, sondern schreibe auf ihre Rückseite meinen neuen Einkaufszettel. So muß ich keine Notizblöcke kaufen.

Karin Scheffeler, Flose

Faxpapier zweimal nutzen

Ein Faxgerät spart bekanntlich Porto und Telefongebühren. Ich spare aber auch noch viel Papier, indem ich für meine Faxe die Rückseiten von bereits beschriebenen Blättern oder Reklamebriefen verwende. Der Empfänger sieht's ja nicht.

Peter Benz, Reichenbach

Geschenkpapier aufbügeln

Geschenkpapier ist teuer! Ich bügele gebrauchtes Papier immer wieder auf und spare so viel Geld.

Anne Müller, Velbert

Backpapier zum Schneidern

Schneiderpapier ist teuer. Für kleinere Schnitte (Kinderkleider oder Puppensachen) verwende ich deshalb Backpapier. Darauf läßt sich der Schnitt prima abpausen, und ich spare Geld.

Beate Dahm, Großhansdorf

Druckerpapier 2mal nehmen

Für „Probeausdrucke" an meinem PC benutze ich Papier, das umseitig schon bedruckt ist. Mir geht es ja nur darum, zu sehen, wie mein Dokument ausgedruckt aussieht. Auf Dauer spare ich damit viel Geld und handle ökologisch bewußt.

Uwe Görgen, Troisdorf

Papier sparen

Werbebriefe und Mitteilungen, die nur einseitig bedruckt sind, sammle ich. Meine ganze Familie nutzt die Rückseite dann als Notiz- und Malzettel. So sparen wir teure Schreibblocks.

Heike Golwalla, Marl

Werbeumschläge für eigene Briefe

Ich spare Briefumschläge, indem ich mit flüssigem Tipp-Ex die Anschrift der Werbefirma überpinsele und dafür die gewünschte Adresse eintrage.

Christel Arnold, Wald-Michelbach

Zahnbürsten als Mehrzweckbürste

Gebrauchte Zahnbürsten nicht wegwerfen! Ich putze damit Schuhe, Vasen mit dünnen Hälsen sowie verschnörkelte Silber- und Messingteile.

Stefanie Virgil, Braunschweig

Fritieröl als Holzschutz

Gebrauchtes Fritieröl kippe ich nicht weg, sondern benutze es als Holzschutzmittel für Garten- und Ter-

rassenmöbel. Nach dem Fritieren das Öl durch ein Sieb gießen und in einem Behälter auffangen. So spare ich teure Spezialprodukte und schone die Umwelt.
Herman Probst, Bürstadt

Fahrradschläuche wiederverwerten

Als Gymnastikbänder benutze ich alte Fahrradschläuche. Einfach durchschneiden oder so als Ring lassen. Praktisch!
Ursula Girabau, Emmelshausen

Kleiderschutz gratis

Kleidungsstücke aus der Reinigung werden meist in einem Folienumhang ausgegeben. Diesen benutze ich weiter als Schutz für meine guten Kostüme und die Anzüge meines Mannes. Außerdem auf Reisen als Knitterschutz bei Blusen und Kleidern. Kleidersäcke gespart.
Rosemarie Pella, Detmold

Inhalierstift auffüllen

Meinen leeren Schnupfen-Inhalierstift fülle ich mit China-Öl-Balsam auf. Ist wesentlich günstiger, als einen neuen zu kaufen.
Manfred Wagner, Obertaufkirchen

Joghurtbecher als Sandförmchen

Sandförmchen für Kinder muß man nicht kaufen. Hervorragend eignen sich auch leere, ausgewaschene Margarine-, Senf- oder Joghurtbecher.
Anita Habich, Berlin

Kassetten wiederverwerten

Auf alte, gekaufte Hörspielkassetten klebe ich oben die kleinen Öffnungen mit etwas Tesafilm zu. So wird die Kassette „entsichert" und man kann etwas Neues darauf aufnehmen.
Corinna Jungfleisch, Seeheim-Jungenheim

Feuerzeuge weiter nutzen

Leere Feuerzeuge werfe ich nicht weg, sondern verwende sie als Anzünder für den Gasherd. Der Feuerstein geht ja noch. Ich brauche weder Streichhölzer noch Herdanzünder zu kaufen.
Martin Schnick, Köln

Kerzenreste einschmelzen

Die Reste sammeln und in einem Topf erwärmen. Dann in kleine Formen gießen und in die Mitte ein Dochtband geben. Viel günstiger und witziger als teure Kerzen.
Vivian Cordua, Hamburg

Krumme Kerzen retten

Kerzen, die sich durch pralle Sonne gekrümmt haben, nicht in den Müll schmeißen! Ich lege sie lieber kurz in heißes Wasser und rolle sie dann auf

einer glatten Unterlage vorsichtig wieder gerade.
Annelie Schlegemilch, Münchweiler

Klarlack gegen Laufmaschen
Strumpfhosen mit kleinen unauffälligen Laufmaschen kommen bei mir nicht sofort in den Müll. Ich stoppe die Laufmasche einfach mit etwas klarem Nagellack. Unter langen Hosen oder Stiefeln sieht man die Laufmasche ja nicht.
Edith Ernst, Hannover

Nagellack für Schnürsenkel
Ausgefranste Schnürsenkel bepinsele ich mit farblosem Lack. So lassen sie sich wieder einfädeln.
Heinz Dürbritz, Dresden

Strümpfe halten länger
Socken und Wollstrümpfe gehen immer so schnell an den Zehen kaputt. Darum nähe ich die Fußteile von Nylon-Strumpfhosen mit Laufmaschinen gleich in die neuen Socken hinein. So halten sie viel länger.
Anna-Maria Schalze, Göttingen

Lederreste wiederverwerten
Alte Lederreste lassen sich noch toll zum Basteln für Kinder verwerten. Oder man hebt sie als Untersetzer für quietschende Sprungfedern bei Matratzen auf. Auch als Unterlage für Möbelstücke, die rutschfest werden sollen.
A. Sachs, Fürth

Leere Batterien funktionieren wieder
Gebrauchte Batterien aus meinem Walkman entsorge ich nicht sofort. Man kann sie noch sehr gut für Uhren/Wecker verwenden – da halten sie noch ewig lange.
Angelika Wiesinger, Nürnberg

Lippenstifte aufbrauchen
Abgebrochene oder aufgebrauchte Lippenstifte nicht wegwerfen. Mit einem Lippenpinsel die Reste in der Halterung auspinseln. Halten noch wochenlang.
Ingrid Sauerbrey, Sögel

Kajalstifte verlängern
Kurze Kajalstifte nicht gleich wegwerfen. Wenn man den Stift in die Kappe eines Kugelschreibers steckt, hat man ihn verlängert. So kann man ihn bis zum Ende aufbrauchen.
Mitra Dehkhoda, Hamburg

Mascara als Augenbrauenstift
Ausgediente Mascara werfe ich nicht weg, sondern verwende sie zum Nachstricheln der Augenbrauen.
Erika Spieß-Heidler, Erzhausen

Margarinebecher als Gefrierdosen
Leere Margarinebecher verwende ich als Gefrierdosen. Sie lassen sich gut verschließen und stapeln. Und ich reduziere den Müll.
Sabine Klaus, Hohn

Müllbeutel sparen
Toilettenpapier-Plastiktüten zerreiße ich nicht, sondern verwende sie als Müllbeutel. Das gleiche mache ich mit den Obsttüten aus dem Supermarkt.
Andrea Heißner, Lindenberg

Nagelscheren schärfen
Stumpfe Nagelscheren werden wieder scharf, wenn man mehrmals durch feines Sandpapier schneidet.
Christian Heine, Tübingen

Nagelfeilen wieder scharf
Mit der Zeit werden Nagelfeilen stumpf. Zieht man dann einen Streifen Heftpflaster drüber und löst ihn wieder, entfernt man damit Staub und Hornpartikel. Die Feile ist wieder scharf, ein Neukauf nicht nötig.
Eva Traurig, Lam

Obstnetze als Geschenkband
Ich spare, indem ich Geschenke nicht mit teurem Schmuckband einpacke, sondern mit bunten Obstnetzen dekoriere. Sieht ganz witzig aus.
Waltraud Dupant, Landstuhl

Obstnetzbänder als Gartenhilfe
Die Bastbänder von Obstnetzen eignen sich wunderbar, um im Garten Heckenrosen oder Clematis am Gitter festzubinden. Die Bänder kosten nichts, sind reiß- und wetterfest.
Ingrid Gendrolus, München

Plastikflaschen nutzen
Leere Plastikflaschen nutze ich als Getränkeflaschen beim Wandern oder Radfahren.
Un Sook Wenk, München

Radiergummi auffrischen
Wenn Radiergummis schmierig geworden sind, schmirgele ich sie einfach mit weichem Sandpapier ab. Dann radieren sie wieder perfekt.
Heiner Mattenbach, Görlitz

Rauhleder wird zu Glattleder
Unansehnlich gewordene Rauhlederschuhe mit farbloser Schuhcreme einreiben und blank putzen. Sehen danach aus wie neu gekaufte Glattlederschuhe.
Ch. Wittenburg, Hamburg

Seifenreste sammeln
Eignen sich noch gut zum Einweichen von stark verschmutzter Wäsche.
Elfriede Grüben, Neuharlingersiel

Senfglas als Trinkglas

Ich kaufe immer Senf in bunten Gläsern. Wenn sie leer und sauber sind, schenke ich sie meinem Sohn. So sparen wir Geld für Gläser.
Susan Hollwitz, Jessen

Römertopf als Kräutergarten

Als mein Römertopf einen Sprung bekam, habe ich ihn nicht weggeworfen, sondern ihn mit Blumenerde gefüllt. Jetzt steht er als mein Kräutergarten auf der Fensterbank, und mein ausgesäter Majoran, Thymian und Basilikum sprießen um die Wette.
H. Kiss, Heddesheim

Sonnencremereste als Schuhcreme

Sonnencreme, die im Sommer nicht verbraucht worden ist, benutze ich als Schuhcreme. Für die Lederschuhe eine super Pflege mit tollem Glanz. Gute Schuhcreme ist ziemlich teuer.
Katrina Wettrau, Kühren

Staubsaugerbeutel öfter benutzen

Volle Beutel selbst entleeren und wieder in den Staubsauger einsetzen. Das kann man mehrere Male wiederholen.
Erika Köhnen,
Kirchweiler

Strumpfhose reinigt Autolack

Zum Säubern hartnäckiger Verschmutzungen auf dem Auto nehme ich statt teurer Reiniger eine kaputte Nylon-Damenstrumpfhose. Mit etwas Wasser geht alles spielend runter!
Dieter Uhlitsch, Jena

Strumpfhosen ersetzen Band

Ausgediente Strumpfhosen nicht wegschmeißen! Sie eignen sich sehr gut zum Bündeln von Altkleidern oder Zeitungen.
Pauline Jany, München

Strumpfhosen als Schuhbeutel

Strumpfhosen mit Laufmaschen nutze ich weiter. In die abgeschnittenen Fußenden stecke ich auf Reisen meine Schuhe. So lassen sie sich im Koffer wunderbar verstauen und machen nichts schmutzig. Schuhbeutel gespart.
Kirstin Werneburg-Schulz,
Dormagen

Insektendreck entfernen

Fliegendreck läßt sich leicht vom Auto entfernen: einen alten Damenstrumpf über einen Schwamm ziehen, in Wasser tränken und die Verschmutzung vorsichtig abreiben. Spart Kauf von Spezialreiniger.
Marie-Luise Vogt,
Halle-Münchweiler

Strumpfhosen zum Polieren

Zum Polieren der Armaturen in Küche und Bad nehme ich kaputte Strumpfhosen. Es blitzt und blinkt alles wie neu. So spare ich Spezialputzlappen und teure Pflegemittel.
Brigitte Klopfer, Selb

Schulterpolster zum Putzen

Ich trenne von abgelegter Kleidung die Schulterpolster raus. Sie eignen sich bestens zum Putzen von Fenstern oder glatten Möbeln. Ersetzt das Ledertuch.
Hanni Hemken, Augustfehn

Stumpfe Rasierklingen wieder scharf

Stumpf gewordene Rasierklingen reinige ich. Mit einem Magneten in Schnittrichtung einige Male darüber streichen. Funktioniert prima.
Uwe Pilk, Geseke

Naßrasierer halten länger

Den Rasierer nach Gebrauch mit alter Zahnbürste säubern und in ein Glas mit Wasser und Spülmittel halten. Trocken tupfen. Der Rasierer hält dann rund einen Monat.
Horst Kitzmann, Grefrath

Tapetenkleister konservieren

Reste von Tapetenkleister in Gläser mit Schraubverschluß füllen und als Kleister für Bastelarbeiten verwenden. So spare ich mir den Neukauf.
H. Krause, Altensteig

Vogelsand durchs Sieb

Reinige ich den Käfig meiner Wellensittiche, so schütte ich den gebrauchten Sand durch ein Haushaltssieb. So kann ich den Sand mehrfach nutzen.
Ute Gerhardt, Leipzig

Pflegetips

Lackschuhe vorm Rausgehen in die Kälte auf die Heizung

In einem gepflegten Haushalt fühlen wir uns natürlich am wohlsten. Aber der macht auch viel Arbeit. Und die Pflegemittel sind ganz schön teuer. Gott sei Dank gibt's gerade auf diesem Gebiet viele Tricks und Hilfsmittel, durch die wir nicht nur sparen können, sondern Haushalt und bereits angegriffene Sachen länger haben. Sie machen uns die Arbeit und das Leben leichter. Zum Beispiel was tun gegen knarrende Dielen, angelaufene Kupferkessel, hart gewordenes Fensterleder usw.?

Brokatschuhe
Meine Brokatschuhe reinige ich mit einem in Weingeist getauchten Lappen. Klappt wunderbar und spart teure Spezialpflege
Anna Keuter, Schwerin

Schuhsohlen pflegen
Schuhsohlen aus Leder reibe ich hin und wieder mit Rizinusöl ein. Das verlängert ihre Lebensdauer, und sie müssen nicht so schnell zum Schuster.
Frauke Haffner, Kottbus

Lackschuhe schonen
Bei Kälte kann der Lack auf den Schuhen leicht springen. Ich wärme deshalb vor dem Hinausgehen meine Lackschuhe kurz auf der Heizung an und verhindere so Lacksprünge.
Johanna Kante, Kassel

Bullrichsalz für Badewanne
Meine farbige Badewanne aus Kunststoff reinige ich ab und zu mit Bullrichsalz aus der Apotheke. So bleibt die sonst für Kratzer sehr anfällige Kunststoffwanne wie neu.
Lotte Lauer, Augsburg

Buttermilch reinigt Silber
Mein Silberbesteck lege ich 1/2 Stunde lang in ein kaltes Buttermilchbad. Danach spüle ich es mit heißem Wasser ab und tupfe es trocken. Das Besteck bleibt länger blank, und ich muß keine chemischen Mittel benutzen.
Annika Helm, Emden

Strumpfhosen haltbar gemacht
Ich lege meine Perlonstrumpfhose immer über Nacht in meine Gefriertruhe. So bekommen sie längst nicht so leicht Laufmaschen und halten viel länger.
Anna-Lena Völkel, Wöitz

Strumpfhosen halten länger
Damit meine Strumpfhosen länger halten, gebe ich immer ein Stückchen Würfelzucker mit in den letzten Spülgang.
Miriam Jelusic, Mannheim

Feinwäsche richtig waschen
Überempfindliche Wäschestücke, z. B. aus Angora oder Seide, stecke ich aufgerollt in Strumpfhosen. So wird verhindert, daß sich die Wäsche aneinander reibt, sich Wollknäulchen bilden oder Ziehfäden entstehen. Die guten Sachen halten viel länger!
Helga Barg, Hamburg

Regenschirme halten länger
Regenschirme werden nicht so leicht porös, wenn man sie von Zeit zu Zeit mit Haarspray einsprüht.
Horst Bugler, Hamburg

Klebstoff macht Strumpfhose haltbarer
Damit meine Strumpfhose am großen Zeh nicht so schnell kaputt geht, betupfe ich die Stelle vorm Anziehen mit etwas Klebstoff oder Nagellack. So hält sie viel länger!
Hanni Tippmann, Bendorf

Fensterleder wieder weich
Damit meine Fensterleder nicht hart und rissig werden, wasche ich sie nach jedem Gebrauch mit warmem Wasser aus und lege sie ab und zu in Salmiakgeist ein. So bleiben sie wie neu.
Ulla Niehmig, Berlin

Knöpfe umwickeln
Leder- und Perlmuttknöpfe färben oder zerbrechen leicht beim Waschen. Darum umwickle ich sie vor der Maschinen- oder Handwäsche immer einzeln mit Alufolie. Spart Reinigungskosten bzw. Neukauf.
G. Wiemann, Taunusstein

Kupferkessel glänzen wieder
Stumpf gewordene Kupferkessel reibe ich mit einem Brei aus Essig und Kochsalz ein. Diese Mischung lasse ich eine Stunde einwirken und spüle sie dann mit kaltem Wasser ab. Das Kupfer erstrahlt in neuem Glanz.
Heidi Brombach, Lützow

Putzen mit Rhabarber
Ich koche Rhabarberschalen in Aluminiumtöpfen mit Wasser auf. Danach sind die Töpfe wieder strahlend blank.
Hedi Melzer, Beuhwer

Melkfett für rostige Scheren
Eingerostete Scheren und Zangen werden wieder beweglich, wenn man sie in kochendes Wasser legt, dem man eine Messerspitze Melkfett hinzufügt.
Andrea Gorzitze, Wittmar

Petroleum zur Türreinigung
Meine weiß lackierten Türen wische ich mit einer Seifenlösung ab, der ich einen Schuß Petroleum hinzufüge.

Das macht die Tür schön sauber und pflegt sie. Neuanstrich verzögert sich um Jahre!
Detlef Hauber, Berlin

Kartoffelmehl reinigt Möbel

Mit Seide bezogene Polstermöbel oder Gobelins reinige ich mit einem Wattebausch, den ich vorher in heißes Kartoffelmehl getaucht habe. Dies ist auch ein gutes Mittel, um farbige Kissen etc. wieder aufzufrischen.
Karin Boden, Sallgast

Pflegende Möbelpolitur

Ich mache meine Möbelpolitur selbst: Rotweinreste mit gleicher Menge Speiseöl mischen. Damit die dunklen Holzteile einreiben und nachpolieren.
W. Schmalz, Lüneburg

Strohmöbel pflegen

Naturfarbene Strohmöbel werden wieder schön sauber, wenn man sie mit einer weichen Bürste und einer Mischung aus Zitronensaft und Wasser abbürstet. Danach trockenwischen.
Rieke Kammer, Kiel

Rauhe Wände pflegen

Wenn rauhe Wände im Keller oder Heizungsraum feucht werden, setzen sie leicht Schimmel an. Ich verhindere das, indem ich sie ab und zu mit einer Wurzelbürste bearbeite. Loser Mörtel fällt ab, und der Schimmel hat weniger Angriffsfläche.
Marianne Rosenknecht, Mannheim

Schuhcreme gegen knarrende Dielen

Knarrende Dielen schraube ich fest und reibe sie mit farbloser Schuhcreme ein. Das Knarren verschwindet, Handwerkerkosten gespart.
Maike Friedrichs, Essen

Gummidichtungen halten länger

Dichtungen aus Gummi an Kühlschränken und Autotüren reibe ich des öfteren mit Vaseline ein, dadurch wird der Gummi nicht so schnell brüchig, und die Türen schließen immer noch fest.
Werner Brinkmann, Bad Lauterberg

Talkumpuder macht Gummidichtungen haltbar

Gummidichtungen an Kühl- und Gefrierschrank reibe ich nach dem Säubern mit Talkumpuder ab. So bleiben sie geschmeidig und halten länger.
M. Kubanek, Wilhelmshaven

Was Essig alles kann

Essig gegen Mücken

Was Essig alles kann

Es gibt viele verschiedene Essigsorten: Obst-, Apfel-, Wein- und Kräuteressig. Aber auch Essig-Essenz, die am preiswertesten ist. Ein absolutes Universalmittel, ein Alleskönner! Es löst Kalkablagerungen, reinigt im Haushalt so gut wie alles, frischt Farben wieder auf, verjagt unangenehme Gerüche. Obst- oder Apfelessig ist auch sehr gesund, gut für Haut und Haar. Verdünnt mit Wasser und Honig, macht es als Trunk sogar schlank, wirkt gegen überhöhte Fettspeicherung wegen seiner vielen Verdauungsenzyme, Vitamine, Mineralien und Spurenelemente. Seit einigen Jahren gibt's bei uns auch italienischen Balsamico-Essig. Köstlich für die Salatsoße, aber für den Haushalt viel zu kostbar!

Abfluß frei ohne Chemikalien

Man kann sich den Kauf von Abflußmitteln sparen, indem man abends einfach zwei Tassen Essig zum Kochen bringt und mit einer Tasse Salz in den Abfluß gießt. So wird er wieder frei. Ist dazu noch umweltfreundlich!
Lisa Dreberstedt, Tarthun

Dampfbügeleisen entkalken

Ist mein Dampfbügeleisen verkalkt, gebe ich eine Essig-Wasser-Mischung (1 : 1) hinein, heize es auf und lasse es ein paar Minuten dampfen. Anschließend abschalten, zwei Stunden stehen lassen, ausleeren und gründlich mit klarem Wasser nachspülen. Funktioniert prima.
Judith Wilkens, Marburg

Waschmaschinen entkalken

Einen Eßlöffel Essig in die Wäsche geben. Spart teuren Entkalker.
Verena Mecklenborg-Kiekenbring, Essen

Essig als Gebißreiniger

Meine dritten Zähne reinige ich nur in Essigwasser. So spare ich das Geld für teure Reinigungstabletten, und mein Gebiß wird trotzdem sauber und blitzweiß!
Gerhard Werner, Schwarzburg

Zahnspange mit Essig reinigen

Meine Klammer lege ich über Nacht in ein Wasser-Essig-Gemisch. Anschließend mit Zahnbürste und -paste reinigen. So spare ich das Geld für den Zahnspangenreiniger.
Petra Bellwied, Heiligenhaus

Flecken weg mit Essig

Farbflecken gehen aus Kleidungsstücken heraus, wenn man die Sachen in heißes Essigwasser legt und über Nacht einweicht. Danach wie gewohnt waschen. Kleidung gerettet, Fleckenmittel oder Reinigung gespart.
H. Kiss, Heddesheim

Wäsche wird wieder weiß

Bügelwäsche, die von zu heißem Bügeln gelb geworden ist, wäscht man einfach mit heißem Essig aus. So wird sie wieder strahlend weiß.
Margret Engelhardt, Rheinbach

Essig ersetzt Lederschuh-Spray

Anstatt Lederspray gegen harte, drückende Lederschuhe zu kaufen, reibe ich das Innenlder mit unverdünntem Haushaltsessig ein. Nach ein- bis zweimaligem Tragen sind sie weicher und bequemer.
Alexander Holfert, Dresden

Essig vertreibt lästige Fliegen

Ich kaufe kein Insektenspray, sondern stelle hin und wieder ein Schälchen mit etwas Essig in die Küche. Wirkt perfekt!
Eva Leonhard, Dormagen

Filzstifte schreiben wieder

Trockene Filzstifte, die nicht mehr gut malen, werden wieder feucht, indem man sie in etwas Essig tränkt.
Habiba Mangal, Wuppertal

Glanzmittel im Geschirrspüler

Als Glanzmittel gebe ich Essig in die Geschirrspülmaschine. Die Gläser glänzen und fühlen sich gut an. So preiswert und umweltfreundlich!
Karin Jansen, Wedel

Nagelbürste wird weich wie neu

Verschmutzte Nagelbürsten, die durch Seifenreste weich und unbrauchbar geworden sind, weiche ich für ein paar Stunden in einem kalten Essig-Wasser-Bad ein. Reinigt und macht die Borsten wieder stark.
M. Becker, Wöllstadt

Pinsel wird haltbar

Malpinsel nach Gebrauch immer in Essigwasser auswaschen. So bleiben sie lange weich und geschmeidig.
Daniella Askani, Mannheim

Tapetenlöser selber machen

Statt Tapetenlöser zu kaufen, mach' ich ihn selbst. Drei Tassen Essig in ca. 10 Liter heißem Wasser anrühren. Damit die alten Tapeten bestreichen. Die lösen sich ganz leicht von der Wand. Ist supergünstig und zudem noch umweltfreundlich.
Helmut Schlaß, Neuenstein

Windschutzscheibe wird sauber

Statt teurer Spezialreiniger für die Scheibenwaschanlage im Auto benutze ich normalen Haushaltsessig. Einfach ein paar Spritzer davon mit ins Wasser geben, und selbst hartnäckiger Schmutz verschwindet.
Daniela Köhler, Hostenbach

Bild

Was Backpulver alles kann

Normalerweise geben wir Backpulver in den Kuchenteig, damit er aufgeht und schön locker wird. Hätten Sie gedacht, daß Backpulver noch viel mehr kann? Es ist nicht nur ein tolles Reinigungsmittel für hartnäckige Verschmutzungen, es verjagt sogar lästige Ameisen aus der Wohnung.
Backpulver ist eine Mischung aus Natriumkarbonat (Natron) und sauren Substanzen wie etwa Weinsäure, Weinstein oder Zitronensäure. Dazu kommen Reis, Mais, Kartoffelstärke oder Getreidemehl. Das verhindert, daß die Treibkraft zu früh einsetzt.

Backpulver fürs WC-Becken

Backpulver läßt über Nacht hartnäckige Ränder an WC-Becken verschwinden. So erspare ich mir das mühevolle Scheuern und Reinigungsmittel.
Elisabeth Fröhlich, Eckernförde

Backpulver reinigt Kannen

Thermoskannen werden so blitzblank: Ein Päckchen Backpulver und kochendes Wasser hineingeben, eine Stunde einwirken lassen, gut ausspülen.
Elfriede Tusch, Hamburg

Backpulver gegen Teeränder

Teeränder und -flecken von Tassen lassen sich wunderbar leicht mit Backpulver entfernen. Ich löse einfach ein Päckchen Backpulver in einer halben Tasse mit heißem Wasser auf. Mit dem noch heißen Gemisch reibe ich Flecken ein. Spezialreiniger gespart.
Irmgard Martens, Oldenburg

Backpulver reinigt Waschbetonplatten

Für die Reinigung von Waschbetonplatten auf der Terrasse geht es auch ohne Hochdruckreiniger. Viel leichter geht es mit Backpulver. Platten mit warmem Wasser befeuchten, Backpulver draufstreuen und schäumen lassen. Mit einer Bürste den Schmutz gründlich entfernen. Das Nachspülen läßt man sich am besten von einem starken Regenschauer abnehmen.
Kerstin Schaub, Appen

Backpulver spart Gardinenweiß

Gardinen, die man mit normalem Waschpulver und etwas Backpulver wäscht, werden genauso weiß.
Elke Recklebe, Calbe/S.

Backpulver statt Reinigung

Nur wegen verschmutzter Blazer- oder Mantelkragen muß man die Sachen nicht in die chemische Reinigung geben. Schon mit etwas

Backpulver werden sie wieder wunderbar sauber. Einfach ein bißchen auf den Kragen streuen, rund eine Stunde einwirken lassen und anschließend gut ausbürsten.
Maria Schulze, Jettingen

Backpulver gegen Ameisen
Wenn ich Probleme mit Ameisen habe, die wirklich lästig sein können, streue ich Backpulver aus. Die Ameisen verschwinden sofort.
Rosi Beck, Irfersdorf